UNCOMMON KNOWLEDGE

Extraordinary Things That Few People Know
(Economist Explains)

看網路約會、開車靠右和
YouTube審查
如何影響生活與消費

經濟學人107個
全球搜密

Tom Standage

湯姆・斯丹迪奇

譯──林凱雄、東遊客、楊宜靜

目錄 CONTENTS

洞察非凡知識的喜悅

　　英國散文家暨詩人約瑟夫・艾迪生（Joseph Addison）曾說：「新鮮或非凡的事情，會對我們的想像力帶來喜樂，因為它為靈魂注入了一道可被接受的驚喜，滿足靈魂對好奇心的渴求，並且讓靈魂獲得過去未曾擁有的知識。」他在1712年寫下這段話，但時至今日、超過三百年之後，這句註腳仍能貼切地闡述本書的目標。

　　《經濟學人107個全球搜密》是一本蒐集各種解答的全集，而這些解答的共通之處，在於它們都是「非凡」（uncommon）的——這個詞彙可以有兩種解釋。其一，「非凡」表示它是罕見或不常遇到的事情，在知識的領域裡代表這些事並未被多數人認識或知曉。但是這些不尋常的解答，可以擴展你的心智，隱而不顯地改變你看待世界的方式。

　　其二，「非凡」也可以從另一個方式解讀，代表它是獨特、意想不到的。正如艾迪生所觀察到，碰上非凡知識是一椿喜樂，因為它能帶來出乎意料與驚喜，因為犀利的解答能帶來心靈上的滿足，也因為我們就此從未知進展到已知，將解答記憶起來以備後用，擴展了我們的智識。

　　大多數人聽到以下這些事情，都會很驚訝：全球的自殺率日益下降、大半難民並不是居住在難民營、胡蘿蔔原本並不是橘紅色，以及月球遠面並非總是黑暗的。他們可能也無法解釋，為什麼驢皮的價值如今堪比過去的象牙、為什麼西方人攝取的雞肉量格外多、為什麼現代美國人睡眠時間比過去長，以及為什麼越來越難定義死亡。這並不是你每天會思索的事情，可是一旦你了解背後的解答，你不只是比大多數人多懂了一點，你還多擴展了一點自己的視野，因為你的心智多挪出一點空間、學會一種看待事物的新方法。這就是洞察非凡知識的喜悅，也同時切合「非凡」的兩種字義。

　　我們在《經濟學人》很喜歡滿足這些「知識點滴」的癮頭，這本書一併集結了非凡的解答和引人入勝的事實，並且以解惑文章與每日圖表的方式呈現。我們對「解析世界為什麼會像現在這樣運作」的任務永無止境，《經濟學人107個全球搜密》是集結我們熱情的成果，希望你會喜歡。當你翻完木書最後一頁，你不只會學習到你以前並不知曉的事情，你還能為你的心靈加強武裝、進一步瞭解這個世界。閱讀本書，加入「洞察非凡知識者」的行列吧！

　　　　　湯姆・斯丹迪奇（Tom Standage），《經濟學人》副總編輯
　　　　　　　　　　　　　　　　　　　　　　　　　　2019年4月

PART ONE

大開眼界：
拓展心智的罕見新知

Q 宇宙資源該歸誰所有？

（1）聯合國

（2）美國

（3）中國

（4）無法決定

——答案詳見P.30

Q 為什麼大多數國家靠右行駛？

（1）右撇子比較多

（2）以前馬車駕駛習慣坐左邊

（3）跟著鄰國而改

（4）沒有特別理由

——答案詳見P.36

為什麼史瓦濟蘭國王要改國名？

　　史瓦濟蘭（Swaziland）的國王恩史瓦帝三世有件煩心事，他每次出訪時，都會有人誤稱他來自瑞士（Switzerland）。於是他索性決定在2018年4月18日，也就是史瓦濟蘭脫離英國的獨立紀念日這天，對外公布將國名改為史瓦帝尼王國（eSwatini）。是的，君主政權的國王有權利想改就改。作為世上為數不多的君主專制國家，乍看之下，國名以小寫字母「e」開頭顯得新潮現代，似乎是想重塑國家的品牌形象，跟上網際網路發展蓬勃的時代。但其實新國名字面上的意義相當簡單，就是「史瓦濟人的土地」。

　　關於大家是不是真的傻傻分不清「史瓦濟蘭」與「瑞士」，這一點我們不清楚，只知道兩個國家的共同點是人口不多、具有壯麗山脈，而且四周都是幅員更遼闊的鄰國。不過這也稱不上稀奇，讓人吃驚的是兩國間的相異之處。史瓦濟蘭領袖的妻妾多達十五名，人民不只貧困，還是全球愛滋病感染率最高的國家，高達26％的成人是帶原者，因此平均壽命只有五十八歲，是全球倒數第12名。看來把國名從「史瓦濟蘭」換成「史瓦帝尼」這一招，不過是把眾人目光從迫切議題上轉移的障眼法。

　　儘管如此，國王的決策本身並非毫無邏輯。許多曾經是英國殖民地的非洲國家都採用新國名來彰顯獨立之實。黃金海岸改名為迦納，北羅德西亞與南羅德西亞則各自改名為尚比亞與辛巴威，南非環繞的內陸國巴蘇托蘭也改名為賴索托。史瓦濟蘭改成史瓦帝尼也是踏上同一條路，雖然晚了五十年，還是把自己帶離屬於殖民地的那段過去。國王本人不論是在聯合國發表演說，或是在史瓦濟蘭國會開議時，皆採用新的國名。

　　不過對其他人來說，要習慣史瓦帝尼這個新稱呼還需要一段時日。即便是捷克共和國，在政府過去幾年的大力推動之下，還是很少有人會以新名字「捷基亞」（Czechia）相稱。如果要全面改用「史瓦帝尼」，所有地圖與地球儀上的標示都必須改動，更別提現代版的世界地圖——谷歌地圖上用的還是「史瓦濟蘭」。同樣地，不只皇家史瓦濟蘭警隊、史瓦濟蘭防衛隊與史瓦濟蘭大學等國內機構組織必須一併改名，史瓦濟蘭也必須修憲才能確保大家會持續使用新國名。

02 ── 為什麼恐怖分子只承認 某些恐攻事件，其他的卻不認帳？

　　2019年1月底，菲律賓南部發生兩起恐怖攻擊事件。第一起是1月27日在一座羅馬天主教堂的連環炸彈攻擊，造成至少二十名傷亡。幾天後，另一起在清真寺的恐攻奪走兩位回教領袖的性命。伊斯蘭國的聖戰士隨後迅速宣稱第一場是由他們策動，不過，第二起事件的罪魁禍首至今仍未明朗。

　　這兩起恐攻可視為逐漸趨於普遍的象徵，因為過去二十年來，只有不到半數的恐攻事件能找到主事者。有主事者的案件可能是始作俑者主動出面承認，或是經當地政府調查出，是由特定恐怖分子團體策畫。根據阿拉巴馬大學愛琳・肯恩思博士（Erin Kearns）發佈的論文數據顯示，1998年至2016年間，在一百六十個國家發生的102,914起攻擊事件中，策畫者主動承認與可究責的恐攻有一貫的模式。

　　研究結果發現，死亡人數偏少的攻擊事件往往難以追究主謀，例如菲律賓的清真寺事件。不過2002年發生在尼泊爾軍隊基地的一樁攻擊，至少有一百七十名軍人喪生，這類死傷慘重的事件也少有團體主動承認或有當局出面歸咎責任，尤其在攻擊對象是軍事或外交人員時。通常約有一百人喪生的事件，較容易知道主謀是誰。

　　圖表中的曲線為何呈現倒U型？左側死傷輕微，人數偏少，激不起恐怖分子組織主動承認，因為傷亡人數少會被視為是失敗的行動，顯示負責執行的團體能力不足。而在圖表右側，這種慘絕人寰的大量死傷案件，主事者也會害怕引起當地政府與民眾的強烈反彈。殺害少數的人或許還不至引發激烈反應，但是承認犯下野蠻的屠戮卻可能會招致主事組織的消亡。

　　圖表中的關聯性也受到政府是否出面究責影響，如果事件沒有造成傷亡，輿論要求政府必須投入資源深入調查的壓力就比較小。當慘無人道的攻擊事件發生後，在地政府要揪出幕後主使的誘因雖大，卻也只能到某個程度就作罷，因為比較罕見的大規模攻擊，幾乎都發生在貧窮的極權主義國家。這些國家的政府要不是缺乏調查的能力，就是根本無意追緝凶手。

究責理論

依恐攻死亡人數顯示，全球在1998至2016年間，有主事者出面承認恐攻或是有究責對象的可能性（％）

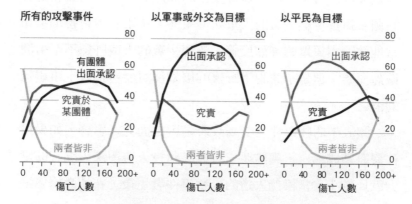

所有的攻擊事件

有團體
出面承認

究責於
某團體

兩者皆非

傷亡人數

以軍事或外交為目標

出面承認

究責

兩者皆非

傷亡人數

以平民為目標

出面承認

究責

兩者皆非

傷亡人數

資料來源：〈何時出面承認恐攻才合適？出面承認與責任歸屬的跨國調查〉（When to take credit for terrorism? A cross–national examination of claims and attributions），E. M. Kearns，2019

胡蘿蔔是怎麼變成橘色的？

　　我們熟悉的胡蘿蔔，原本是白色的農作物。起初種植胡蘿蔔的用途是為了採收葉子與種子，就像它們的遠房親戚香芹與芫荽一樣。胡蘿蔔的鮮豔色彩來自於類胡蘿蔔素這種化合物，它可以協助地面生長的植物進行光合作用，不過胡蘿蔔長在地底，像防風草和蕪菁這兩種地底生長的表親多半是白色，為什麼只有胡蘿蔔能以亮色的外表登上餐桌呢？

　　胡蘿蔔的原始產地位於現今的伊朗與阿富汗，約有三萬兩千種基因，總數比人類還多，其中兩個隱性基因協助形成類胡蘿蔔素：α-胡蘿蔔素與β-胡蘿蔔素。科學家相信鮮豔的胡蘿蔔起初只是農夫無心插柳而成，後來為了跟野生胡蘿蔔差異化，才刻意衍生繽紛的色彩。大約在一千一百年前，紫色與黃色品種相繼出現，接著六百年後，農人進一步選擇性育種，才出現富含大量β-胡蘿蔔素的橘色胡蘿蔔。

　　至於胡蘿蔔為什麼要育種成橘色（orange），有一說是荷蘭人為了紀念奧蘭治的威廉三世（William of Orange）特地開始推廣培育，因為十七世紀時他在歐洲西北部起身對抗西班牙哈布斯堡王朝的統治者。無論這項說法是真是假，橘色胡蘿蔔的確與奧蘭治王室（House of Orange）有關。在市場

上明目張膽地陳列亮橘色胡蘿蔔，一度被當成支持威廉三世流放後裔的挑釁舉動。先不論橘色胡蘿蔔在歷史上所代表的政治意義，絕大多數歐洲胡蘿蔔的祖先，的確源於荷蘭荷恩鎮所種。

橘色品種之所以能脫穎而出，超越其他品種與顏色，純粹是無心插柳柳成蔭的結果。不過，橘色胡蘿蔔的營養價值最高、富含維生素A、有益眼睛健康是公認的事實。也正因如此，二戰期間的英國曾經流傳「大量食用胡蘿蔔可獲得夜視能力」的迷思──之所以有此一說，其實是英國皇家空軍刻意助長，想掩飾己方在雷達技術的進展。英國飛行員利用雷達得知德軍來襲方向，為了混淆德軍，故吹捧謠言讓對方誤以為這全是多吃胡蘿蔔的功勞。

為了不讓橘色專美於前，英國一家超市於2002年再次嘗試引入傳統的紫色品種，很可惜未臻成功，消費者依然偏愛橘色品種。人們對橘色品種的偏好不僅讓胡蘿蔔的色彩越來越鮮豔，且胡蘿蔔素含量也比1970年代還高出50％，真是值得人深思玩味的食物。

04 ———————— 為什麼地中海終將消失？

如果你人正好在地中海，不妨花點時間觀察海岸的景象。仔細觀察一陣子之後（精準點的時間是一年），你會發現海岸稍稍移動了一些，大約兩公分、接近一英吋左右。其實非洲與歐洲正不斷地互相靠近，以極緩慢的速度「相撞」。這種板塊漂移的現象，從過去四千萬年以來，不斷將阿爾卑斯山與庇里牛斯山脈往上推，未來也將持續，直到五千萬年後，兩個大陸板塊合為一塊龐然大陸，成為歐非大陸之後才會停止。最終地中海會完全消失，取代它的是和喜馬拉雅山脈一樣高聳巍峨的陸塊。未來地貌改變的幅度將很難與今日的世界對比。

大陸板塊漂移是相對新穎的地質規律，指的是地球表面的板塊構造不斷移動，並受到行星地函對流的影響，這個概念一直到1960年代才被廣泛接受。科學家直到最近才對每塊大陸過去的移動方式更深入了解透徹，繼而推論出在地球數十億年的歷史中，已經形成了多個超大陸。最「年輕」的盤古大陸板塊，約在兩億年前分裂，這表示地球目前正處於一個週期當中。有了歷史資料作依據，研究人員便得以推估未來可能發生的地質現象。

未來的五千萬年相較來說還算容易預測，而且大多數地質學家都認為地中海終將消失。至於其他海洋的命運仍眾說紛紜、有待商榷。最廣為人知的預測出自德州大學的地質學家克里斯多福・史考提斯（Christopher Scotese），他的「內向」理論提出，目前仍在擴展的大西洋終將開始縮小。他認為在接下來的兩億年間，大西洋會慢慢萎縮，而美洲將與歐非大陸碰撞形成終極盤古大陸。

　　其他學者則認為結果可能恰恰相反——大西洋會在太平洋縮小時繼續擴大，而加州則會與遠東發生碰撞。還有一個寒冷刺骨的預測版本則指出，所有的大陸都將向北移動，封閉北冰洋，並在北極附近形成「阿馬西亞大陸」。

　　除了以上幾個論點，里斯本大學的荷奧・杜奧得（João Duarte）也提出截然不同的預測。他的團隊認為大西洋和太平洋皆可能封閉，為了解決因此造成的空間衝突，他們還提出亞洲將會沿著印度／巴基斯坦邊界分裂成兩部分的說法。新的汎亞海洋將在裂開的空間中成形，成為世界上最大的海洋，而原是太平洋的中央處將形成「澳利加大陸」（世界上所有現存陸地的集合）。

　　預測兩億年後的地質變化顯然不是一門精準的科學。這些地質科學家所提出的論點永遠不會被駁斥，畢竟人類到那時不太可能還存活在世界上，無法親眼目睹下一個超大陸成形並驗證科學家的論點。

不過對未來提出這樣的反思其實相當值得警惕——這提醒了我們，就地質規模而言，比起人類在陸地表面劃定的疆界，我們腳下的板塊位置並非那麼恆久遠。

── **為什麼全球自殺率正在下降？**

　　每當新聞報導自殺事件，往往聚焦在輕生的名人或是一連串的學生死亡事件，卻忽略了更宏觀全面的現象──也就是自2000年起，全球自殺率已下降29％，比起最高的1994年下降了38％。特別值得留意的是，自殺率在西方國家數十年來逐漸下降。以英國為例，經濟大蕭條期間的1934年自殺率最高。而在其他西方國家，自殺率是近幾年才開始下降，西歐的自殺率目前仍逐漸下降中。至於亞洲，中國的自殺率在1990年代開始降低，而俄羅斯、日本、南韓與印度各國則在過去十年間大幅滑落。

　　然而，美國的情況則是大為相反，竟然從2000年起上升18％。二十年前，美國的自殺率只有中國的一半，如今卻成了中國的兩倍。不過，如果綜觀全球自殺的總人數，整體下降的人數非常可觀，等同於在2000至2018年間挽回了兩千八百萬條人命，這個數字是相同時間內因為戰爭而喪生人數的三倍。

　　雖然無法將全球死亡率下降的現象歸納為單一原因，不過可以觀察到死亡率大幅下降的有三類人。首先是中國與印度的年輕女性。這個世界上絕大多數選擇自我了斷的人裡，

年長者多過青年，男性多過女性，可是在中國與印度，年輕女性自殺是極普遍的現象。幸好情況正逐漸改善，中國年輕女性的自殺率自1990年代起已經下降九成。第二類是俄羅斯的中年男子，蘇聯解體之後，酗酒和自殺率急遽攀升，不過現在都已下降。第三類是全球各地的年長者，以平均值來說，老年人的自殺率仍高於其他年齡層，不過自從2000年以來，年長者自殺率的下降速度也比其他年齡群組快。

自殺人數之所以會下降，可歸功於社會變遷。當代亞洲女性擁有的自由和機會比以往還多，減少她們想不開的機會。隨著都會化的日漸普遍，含有劇毒的農藥入手不易，而農藥曾經是想輕生的俄羅斯人最常選擇的自殺方式。除此之外，俄羅斯的社會也日趨穩定，不再動盪不安，失業率與自殺率亦隨之下降。至於年長族群，他們的貧窮比例比年輕族群下降得更快。

不過，社會變遷也可能是自殺率在美國攀升的原因：尤其是教育程度偏低的老年農村白人。普林斯頓大學的兩名經濟學家安妮・凱斯（Anne Case）和安格斯・迪頓爵士（Sir Angus Deaton）指出，這些人屬於「絕望之死」的受害者。

適當的政策也有助於降低自殺率。前蘇聯總統戈巴契夫於1985年在國內下達禁酒令後，酒精類飲料的消費與自殺率雙雙驟降；俄羅斯總統普丁於2005年頒布類似法令後，也產生同樣的效果。

限制眾人隨意取得自殺工具，顯然可以大幅避免輕生現象。跟大家認知不同的是，自殺往往只是一時的衝動，而非深思熟慮後的決定。在1937年至1971年間，從舊金山金門大橋躍下後倖存的五百一十五人中，有94％的人到了1978年還在世──這表示延後輕生者自殺成功的機會，等於避免一場自殺。禁用有毒農藥明顯地降低韓國和斯里蘭卡等國的自殺率。限制乙醯胺基酚與阿斯匹靈的販售數量，已經證明能夠降低自殺率。

　　在醫療保健方面下功夫（尤其是臨終關懷，可減緩長期病患的痛苦，繼而提升生活品質），也可以在減少自殺事件方面有所成就。要是美國能夠開始限制民眾持有槍枝，自殺率肯定也會急速下滑。美國的自殺率是英國（嚴格管制槍枝的國家）的兩倍，在美國有五成的自殺是舉槍自戕。單憑美國各州之間的自殺率──蒙大拿州一年每十萬人有二十六人，華盛頓特區是每十萬人有五人──就可以說明擁槍比例多寡造成了自殺率的差異。

維持生存

每10萬人的自殺人數*

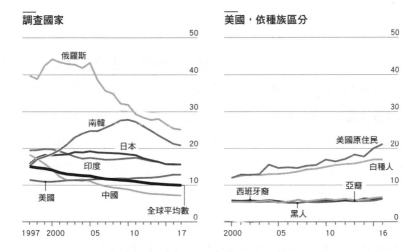

調查國家

俄羅斯

南韓

日本

印度

美國

中國

全球平均數

1997　2000　　05　　　10　　　　17

美國，依種族區分

美國原住民

白種人

西班牙裔　　　　　亞裔

黑人

2000　　　05　　　　10　　　　16

資料來源：健康指標及評估研究機構；美國疾病管制與預防中心
*年齡標準化

宇宙資源該歸誰所有？

　　美國國會於2015年通過法案，將開採宇宙資源合法化，此舉可說是獨步全球。今後任何前往小行星採礦，取得水分或貴金屬的美國企業，都可依這項法案擁有、加工並出售開採後所取得的一切。新興萌芽的太空採礦業不僅讓眾人躍躍欲試，行星資源公司（Planetary Resources）的老闆更搬出1862年公佈的《公地放領法案》（Homestead Act），拿來跟太空開採法相提並論，因為透過當年的法案，任何勇於冒險的移居者，皆可在美國西部取得一百六十英畝的土地。

　　最近，美國商務部長威爾伯・羅斯（Wilbur Ross）甚至談到要在太空中打造更為「寬鬆」的監管環境，將月球轉型為「加油站」，方便人類進一步探索。其他國家也紛紛仿效，像是盧森堡就在2017年通過了類似的實施辦法，並撥出兩億歐元，用於投資太空開採事業。

　　但是，並非所有人都樂見其成。在聯合國負責外太空事務的委員會上，俄羅斯嚴詞譴責美國「完全蔑視」國際法條。提出評論的人表示，美國根本無權主動賦予任何人或公司這項權利，實屬踰矩。以法律層面而言，當中的確有灰色地帶，那麼宇宙資源的所有權究竟該歸誰呢？

外太空理應屬於全球公有財，早在1950年代便由聯合國委員會確立這一點，並在十年後明定於《外太空條約》。沒有哪個國家可自行宣稱月球、小行星或其他天體歸自己所有，外太空理應開放供所有人探索。早期條約中的用詞尤為浮誇，外太空被稱為「全人類的屬地」。不過，現實中的太空可無法僅用這六個字帶過，各種棘手問題有待處理。蘇聯在1957年成功發射了地球第一顆人造衛星「史普尼克號」後，美國對核武發展的神經更加緊繃，緊張局勢升級。之後兩國決定雙雙秉持和平運用的基本原則，保護外太空免受核武衝突影響。

太空中的核武對峙局面不再是當務之急，商業活動才是如今的癥結，因為想進軍太空獲利的不是民族國家，而是私人企業。50和60年代間擬定的太空法是以國家為考量，對於未來的商業活動毫不適用。

在太空進行資源開採的法律地位是什麼？這一點至今仍模稜兩可，因此業界提出要求，希望能夠釐清得到明確的界定標準。雖然美國和盧森堡立法通過等於是朝此方向邁出第一步，但是太空法專家譚雅·馬森·澤安（Tanja Masson-Zwaan）指出，國家級的法律只能保障該國企業提出的所有權申請，或是與同一國的企業相互競爭，而我們都知道，中國企業可不會受美國法律監管約束。

她補充說道：「建立某種國際治理體系，方能符合眾人

之利益。」國際治理的其中一項方式是比照公海，公海的探鑽許可證便是由國際海底管理局綜理核發。另一個較不可能採行的是南極洲模式，因為國際協議決定自1998年起禁止在南極洲開採，為期五十年。

說這麼多有用處嗎？小行星礦物資源的市場目前雖不存在，但隨著科技進步，逐漸排除技術障礙，以及類似太空觀光的商業活動崛起，的確有望打開這片市場。目前已經有構想要從小行星萃取水分，將其分解為氫和氧，為太空中的火箭補充燃料。這會比從地球運送燃料便宜得多，火箭也能夠搭載更重的酬載，進行更長途的飛行。

小行星採礦要實行至少還得等上幾十年，不過一旦開始，一場你爭我奪是免不了的。

07 ──────────── 為什麼多數難民
沒有住在難民營？

　　自二戰以來，當今的難民人數比以往還多。據聯合國難民署2018年的估計，全球有六千六百萬人被迫離開家園，流離失所，當中有兩千三百萬人是逃離自己國度的難民。世界各地已經興建許多大型難民營來收留他們，包括約旦的札塔里（Zaatari）營地、肯亞的達達布（Dadaab）營地和孟加拉庫圖巴朗（Kutupalong）營地。說到難民營，大多數人腦海出現的畫面大概是毫無秩序、四處錯落的帳棚所組成的城鎮，不過絕大部分的難民並不住在難民營裡面。為什麼不住難民營？那他們又住在哪裡呢？

　　設立難民營區的優點是能將難民集中在同一地點，照顧起來更容易。收容難民的政府和提供援助的機構可以迅速搭建多用途的帳棚，供眾人居住、配發食物或是在帳棚內設立診所和學校。這麼一來，要為營地的難民施打預防接種也很方便。此外，營地也可以迅速擴增帳棚數量，因應突然大量湧入的新移民。許多政府傾向將難民安置在相同地點，除了方便統計與登記人數，也容易進行過濾調查，確定來者不是恐怖分子，並與當地居民做出區隔。

　　雖然政府管理方便，但是在難民營中的生活令人難以忍

受。難民營往往位處偏遠地區，營地的住民求職不易，只能依賴救濟品，許多國家根本禁止難民找工作。最差的難民營跟監獄沒兩樣，甚至不讓難民離開營地。

以伊拉克庫德自治區（Semi-autonomous Kurdistan region）為例，成千上萬在2015年逃離伊斯蘭國魔掌的阿拉伯人被拘留在營地內，他們被禁止返回家園，就只為了讓庫德當局從中審查是否有人與聖戰分子有關係。

難民營也經常人滿為患，尤其當大量難民一次湧入營區時。部分東道國政府認為收留難民的營地只是暫時措施，不讓營地住民太過安逸舒適。就算塑膠帳棚根本無法抵禦季風與洪水來襲，孟加拉當局仍不為遭受迫害而逃離緬甸的羅興亞人興建穩固的水泥磚瓦避難所。

怪不得大多數的難民對難民營避而遠之。聯合國估計有69％的難民選擇居住在城鎮，經濟狀況較好的租公寓，其他人則與家人或朋友一起住，窮困者寧可流落街頭。不住難民營雖然難以獲得援助與救濟，但找工作就很容易。選擇非正職、報酬微薄的工作（也是最常見的），都遠勝於失去尊嚴、侷限在可憐兮兮又困頓的難民營。

根據非營利組織國際救援委員會（International Rescue Committee）的統計資料，居然有八成的難民已流離失所超過十年。他們寧願選擇離開營地，搬到城市，才有更多機會重新開始正常生活。

援助機構也逐漸認清現實情況並採取因應措施。聯合國難民署在2014年發布新的政策方針，強調難民營純屬臨時設施，並鼓勵難民應盡可能融入居住的社區。許多非政府組織正在尋找在城市中分發援助物資的新方式，例如提供難民可以在當地市場購物用的現金，或是向收留難民的寄宿家庭提供支援。

至於抱怨難民營會造成東道國負擔的人，其實答案與解決方式都相當清楚明確，就是讓這些難民離開難民營，出外工作。

─── **為什麼大多數國家靠右行駛？**

　　為了迎接Högertrafikomläggningen（又稱 Day H）到來，也就是全國正式由靠左行駛改為靠右行駛的那一天，瑞典的交通規劃員努力不懈，力求做好萬全準備。他們首先花了數週時間，設計新的交叉路口，並修改了單行道系統；眾多工人也奮力工作，替好幾千輛公車在右側加上新的車門。正式執行前一晚，負責人員再急急忙忙重新粉刷道路標記、移動公車站牌，並重新設置大約三十六萬個路標。

　　接著在全國廣播電台倒數計時之後，從1967年9月3日凌晨五點，瑞典全國的駕駛人正式改變行車方向，從道路左側切換到右側行駛。即使瑞典公眾的反對聲浪不小，但這項改革是有道理的。大多數瑞典車主的汽車方向盤在左側，於是外車道的駕駛在超車時容易發生意外事故。

　　車輛衝撞事故在瑞典與鄰國的邊界週圍十分普遍，因為瑞典的鄰國全都是靠右行駛。經歷這次改革後，瑞典成為歐陸上最後一個為了配合多數而改為靠右行駛的國家──歐洲有四分之三的國家皆採靠右行駛。問題是，各國如何決定要靠哪一邊行駛呢？

　　靠右行駛並非一直是全球常態。在整個中世紀，路上交

通習慣靠左行駛，這不是法律強制規定，而是習慣使然的經驗法則；甚至在中世紀之前，羅馬士兵也是靠左行進。歷史學家無法肯定確切原因，許多人認為由於大多數劍客是右撇子，靠左行走符合劍客的習慣。理由是當劍客拔劍之後，揮舞刀劍的手臂剛好在路中間，是正面攻擊敵人的最佳位置。維吉尼亞大學的彼得‧諾頓（Peter Norton）則駁斥此觀點純屬推測，硬是要推出一個說法與解釋。他認為劍客要穿越道路，走到路的另一邊展開劍鬥完全不是問題。

到了十八世紀後半，部分在北美地區的駕駛習慣開始發生變化，有一項理論將這種情況歸因為在路上顛簸行駛的大型馬車數量增加了。這些馬車多半由好幾組成對馬匹拉著，沒有座位。馬車駕駛通常坐在最後面一對的左側馬匹上，這樣揮鞭時每一匹馬都能打得到，歷史學家因此推論，駕駛之所以喜歡也習慣靠右行駛，主要是這個位置剛好能讓道路正中央落在視線之內，方便觀察前方駛來的馬車。

約莫在同一時間點，靠右行駛的浪潮也席捲革命中的法國。駕駛與步行時往哪邊靠攏，可以看出階級的差異──窮困階級通常緊緊靠右，讓出左側通道給王公貴族使用。在法國大革命之後，得以保住項上人頭的貴族也轉向靠右，避免自己成為矚目焦點而惹禍上身。到了1794年，羅伯斯比爾下令巴黎全市交通必須靠右行駛。隨後，熱愛制定法規的拿破崙一邊席捲歐洲，一邊將自己征服的國家全改成靠右行駛。

的確，不曾落入拿破崙掌心的地區還是靠左行駛，比如後來成為捷克斯洛伐克的國家，一直到1939年才受迫於希特勒改成靠右。殖民統治者的狀況與上例相去不遠，殖民同時也同化當地的交通規則，看看哪幾個國家是靠左行駛就知道。

在1920年代，隨著汽車出現與隨之而來的標準化通行全球，向右行駛的習慣日漸植入日常生活。兩種系統都採用的國家（例如加拿大）最終選擇了靠右，因為鄰國都是靠右側開車。到了1960年代，靠右行駛催快了去殖民化的速度。一旦有大國轉向，鄰國通常會相繼效仿。舉例來說，自從奈及利亞於1972年起改為右側行駛之後，迦納這個西非唯一仍然左側行駛的國家就倍感壓力，在兩年後改為右側行駛；類似情況也在阿拉伯世界發生。

對照之下，英國與日本這些島國則聞風不變，仍然維持左側行駛。在五十八個左側行駛的國家中，絕大多數都曾是英國殖民地或是殖民地的鄰國。這些國家之後可能會受到影響改為靠右嗎？看來似乎不太可能，因為改向行駛的相關成本非常可觀，更何況上個世紀的交通流量還不大，現在要改想必所費不貲。目前最後一個改變行駛方向的國家是薩摩亞群島，在2009年更改，不過是從右側行駛改為左側，以配合鄰近的澳洲與紐西蘭。

09 ─────── 為什麼家暴會影響經濟？

　　家暴不僅造成身心傷害，也會導致經濟面的損失，許多受害者因此沒有去上班或是遲到，因為他們（有充分理由）害怕被尾隨跟蹤或是在辦公室遭殺害。為了保障家暴受害人，紐西蘭在2018年7月通過一項法案，賦予他們十天有薪假的權利。這項法案旨在讓受害人有時間處理並因應一連串的緊急情況，例如搬家、尋求法律協助或是更改個人聯絡資訊，而不用擔心會失去工作。這就是家暴不只是社會問題，也是經濟問題的一個例子。

　　紐西蘭的新法案並無許多前例可引用依循。除了紐西蘭，菲律賓是另一個存在家暴有薪假的國家，於2004年立法通過。不過2015年的調查顯示，只有39％的菲律賓受訪者知道有這項法規，而且有26％的雇主對員工申請家暴有薪假有負面反應。加拿大僅有某些省採用家暴有薪假制度，並非全國通行。澳洲貿易工會委員會於2017年度推動類似措施，最後只替家暴受害者爭取到五天的無薪假。

　　相形之下，紐西蘭的有薪假規定發揮了大幅影響力。紐西蘭慈善機構婦女救援基金會的研究發現，在家暴的受虐關係中，有六成受害者起初是有全職工作，但隨著情況惡化，

約半數的人不再工作，而且有許多受害者為了穩定的經濟來源，選擇留在施暴者身邊。

雖然紐西蘭通過保障家暴受害者的法律，但是以63比57票通過的票數差距太小，仍然備受爭議。受害者無須提出受虐的證據，而受害者休假的成本與負擔是落在雇主身上，而非政府。一名議員也提出警告，這項法案或許會讓雇主排斥雇用「有面臨家暴風險的員工」。

雖然紐西蘭沒有經濟面的相關資料，不過塔斯曼海對岸的鄰居澳洲有統計數字，能支持家暴會造成經濟損失的論點。澳洲研究機構智庫（the Australia Institute）估計，若澳洲通過這項法律，僅有非常少數、約1.5％的女性與0.3％的男性會依法申請休假，全國每年度將損失八千萬至一億兩千萬澳幣，折合美元為五千九百萬至八千九百萬。

儘管如此，家暴問題本身的代價更高。在全球，對女性施暴的成本，連同諮商輔導與健康醫療的直接費用，以及生產力損失的估計值，可高達全球GDP的2％。在已開發國家中，紐西蘭是家庭暴力發生率最高的國家之一，引發的支出成本高達二十七億至四十七億美元。

雖然立法保護家暴受害者並無法全面防止暴力行為，紐西蘭還是積極透過政府資助的公共宣導活動來推廣法律。支持人士提出，這類法律的推廣應該與雇主的教育訓練配合才能有顯著的成效。隨著政策生效，將密切留意觀察公司企

業是否有能力與意願支付相關成本，如果施行得宜，則可以為身心創傷的女性提供一張經濟安全網。正如提出該法案的政治家揚・洛吉（Jan Logie）所說：「這是不合理的，我們不能一邊要受害者離開施暴者，同時又逼他們陷入經濟困境。」

10 —— 為什麼學校的暑假天數太多？

在英國威爾斯巴里鎮的某個七月天，邁步走出小學的成人，看起來都明顯鬆了好大一口氣。他們都是剛把孩子送到學校的家長，讓孩子參加提供餐點與各式活動的夏季課程。全長六週的暑假才剛開始沒幾天，這些父母就表示要計劃如何讓小孩快快樂樂過暑假，實在是讓人身心俱疲，要是假期能縮短就太好了。許多專家也同意這項觀點，並且認為休長假對孩童有害無益。為什麼專家會認為暑假天數太多，又有什麼替代方案呢？

世界上大多數學校都會在夏天放暑假，短則三週，例如韓國；長則有美國、義大利和土耳其，一放就是三個月。暑假源自十九世紀，但沒人清楚原因。一般認為，暑假是過去西方農耕社會遺留下的習慣，許多農家在夏季需要孩子留在田裡幫忙，雖然歷史學家們認為此論點的證據不足。在大眾的想像中，學校放暑假讓人聯想起無憂無慮的青春冒險，但對許多兒童及其家庭來說，現實情況卻大不相同。

大部分來自美國的研究表明，每當放長假回來，孩童會忘記前一年的上課內容。美國南方某個不具名的州研究發現，這種「夏季型學力流失」相當於整個學年四分之一的

量。其中最受影響的是貧困兒童：2007年在巴爾的摩進行的一項研究發現，針對未滿十四或十五歲兒童，比較貧困家庭兒童的學習成就與富裕家庭兒童的差距，夏季型學力流失就佔了三分之二。美國之外的國家雖然數據資料很少，還是有研究指出在比利時、英國、加拿大、德國和馬拉威等國家，學童在暑假過後也會退步，這些國家的暑假都比美國短。

對父母而言，暑假也是一場巨大的挑戰。許多家長仰賴學校提供的定期課後輔導服務來看顧學童，例如指導作業和用餐。當假期來臨，家長才猛然發現自己需要安排的時間表和花費都變多了。

專家提出三種解決漫長暑假的方法：延長學年；將假期分配至學年中的其他天；或是由各州籌辦暑期活動。提倡並採用第一種方法的是韓國，韓國也是世界上學年最長、暑假最短的國家。南韓學生在比較式測驗中的得分很高，例如經濟合作與發展組織（OECD）的國際學生評量計畫（PISA）數學、科學和閱讀測驗。然而得到好成績是有代價的，與其他富裕國家的學童相比，南韓學童心理健康出問題的比率高得多。

那麼，換成把假期平均分散到學年期間呢？部分專家表示，很少有民眾支持重新編排學年行事曆，畢竟傳統習慣已根深蒂固，能夠證明此方法學習成效較佳的證據有限，不足以說服大家。最後一種方法是增加籌辦夏季活動的經費，讓

學童可以培養平常學期課表裡沒有的技能。美國非政府組織
「國家暑期學習協會」的馬修・布雷（Matthew Boulay）表
示：「在暑假期間，我們需要更多的學習機會，但不代表需
要更多的學校教育。」

11 ⬡──────── 人們最想移民到哪裡？

2018年12月，聯合國一百六十四個成員國決定採用「安全、有序和正常移民的全球契約」。全長三十四頁的文件雖不具法律約束力，旨在鼓勵各國政府需以人道方式對待難民，告知他們應有的權利並歡迎融入當地社會。美國總統唐納·川普自2017年便退出該項契約的協商會議。為了解釋川普的決定，代表川普的大使在聯合國表示，與美國相關的移民政策「必須一概由美國人擬訂，他國無從置喙」。

直到該契約草案的最終版本於2018年7月發佈為止，美國是聯合國一百九十三個成員國中唯一抵制該契約的國家。不過其他政府隨後跟進了川普的選擇，拒絕簽署協議的國家包括邊境防禦強大的富裕國家（例如澳洲、瑞士與以色列），以及一些對移民存有疑慮的東歐國家（例如匈牙利、捷克與保加利亞）。

這份契約離盡善盡美還有一段距離。關於邊境管理與公共服務的提供方式還有諸多問題尚待解決，各國對如何攜手合作都還不清楚，也毫無定案。契約中更沒有能提高當地人接受移民意願的具體解決方案，例如對移民的收入徵收稅金，這或許能讓協議的範圍更廣，讓各國接受收留更多移民。

但是，契約中列出了合理的基本規則：確保所有移民和難民都具備身分證明；要求他們說明入境後的生活需求並記錄個別技能；並且儘可能不要把他們留在拘留所。最重要的是，該契約主張各國政府若要加強邊境控管，最佳的途徑是攜手合作。

　　有趣的是，美國總統對移民和全球化的輕蔑與鄙視，並沒有減弱移民想前往美國的吸引力。民意調查機構蓋洛普（Gallup）發現，全世界將會有1.58億人永久移居美國。看來，自2010年以來，想要移居美國、並且以美國為第一選擇的移民比例幾乎沒有改變。此外，雖然川普大聲疾呼反對移民，但美國人對外國人似乎變得更加友善。蓋洛普2018年度的報告指出，有75％的美國人認為移民對國家有助益，持相同看法的人在2012年只有66％。至於民意調查中的移民接受程度指數，也就是用來衡量人們對外國鄰居或姻親的自在程度，這部分美國排名世界第九。雖然川普政府不太可能改變主意，但如果大家對移民的接納度持續增高，未來的美國總統便有望簽署聯合國協議。

追尋美國夢

最想移居的國家
潛在移民，百萬人

對移民最友善的國家
接受指數，9=最歡迎移民

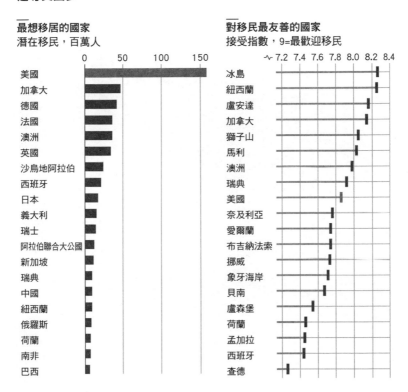

資料來源：蓋洛普

PART TWO

環球秘辛：
世界各地的特殊癖好

Q 霧霾如何影響中國人的開支？

 （1）囤積口罩

 （2）不出門、用網購

 （3）狂買保健商品與服務

 （4）以上皆是

——答案詳見P.66

Q 為什麼澳洲人為了袋鼠意見分歧？

 （1）袋鼠肉是珍饈佳餚

 （2）袋鼠受保育後數量增長太多

 （3）袋鼠會跳到車輛前造成車禍

 （4）袋鼠吃太多草破壞環境

——答案詳見P.50

為什麼澳洲人
為了袋鼠意見分歧？

　　澳洲人有時會開玩笑，說他們是世上唯一會吃國家代表動物的人民。事實不然，瑞典人會吃麋鹿，燉鬥牛尾則是西班牙的佳餚，但光是該不該撲殺袋鼠，就讓紐澳國民意見分歧了。許多人將這種有袋類動物視為禍害，牠們會破壞牧場，還會跳到車輛前導致車禍；支持動物權的人則反駁殺袋鼠不人道，袋鼠肉也含有大量細菌。

　　根據年度空拍測量推估，澳洲大陸有超過四千七百萬隻袋鼠在四處蹦跳，是地球上數量最多的大型脊椎動物之一。又如澳洲野狗這類袋鼠的天敵很稀少，所以袋鼠的族群數量也隨著牠們食用的植被盛長而竄升。澳洲政府早已設立「獵獲」額度以控制該國的四大動物族群，不過有些生態學家認為政府高估了這些動物的族群規模，撲殺會造成損害。

　　贊成撲殺袋鼠的人指出，每年撲殺所得的屠體讓澳洲賺得1.75億美元，而且屠宰場位於亟需經濟紓困的鄉下市鎮。有些科學家也主張，比起牛或綿羊，袋鼠肉是更永續的蛋白質來源。然而袋鼠相關產業在國外備受壓力——倡議活動大打可愛溫情牌，成功迫使愛迪達等製鞋公司棄用袋鼠皮革，也導致外國民眾對袋鼠肉的食慾大減。美國加州在2016年恢

復了袋鼠產品禁令。

專業獵戶提供每具袋鼠屠體所得的報酬也因此降低，他們在2016年獵殺了一百四十萬隻袋鼠，是政府許可最大配額的五分之一。不過澳洲國立大學的喬治·威爾森（George Wilson）教授表示，袋鼠的族群數量增加，僅是代表下次乾旱來臨時會有更多袋鼠死亡；更糟糕的是，如果專業獵人放手不幹，業餘菜鳥就會取而代之。在昆士蘭，不斷有地主被指控毒殺袋鼠或豎立籬柵欄妨礙袋鼠接近水源。這場論戰的攻防永無止休之日。

13 ——————— 為什麼芬蘭人那麼幸福？

　　1860年代，芬蘭因為一場飢荒造成9％的人口死亡。不過這個國家自此以後就有了長足的進步。2018年3月，芬蘭獲聯合國永續發展解決方案網絡（Sustainable Development Solutions Network）選為全世界最幸福的國家，而挪威、丹麥、冰島這三個同屬北歐的國家，依序排在二到四名。

　　芬蘭人還有很多世界第一的頭銜可以吹噓。近年來，該國頻頻獲得各類機構推舉為全球最穩定、最自由與最安全的國家。芬蘭能獲得那些榮銜或許還有道理可循，不過在一個氣溫經常徘徊在零下20度的國家，部分地區在一年大半時間裡又難得一見陽光，芬蘭人究竟有什麼好幸福的？

　　《世界幸福報告》（World Happiness Report）這項調查如其名所示，是使用蓋洛普全球民調資料來衡量各國人民對個人生活的滿意程度。研究人員再根據人均生產毛額、社會支持、健康平均餘命、生活選擇自由度、慷慨程度、免於貪腐的程度等等變因，試著解釋各國的差異。名列前茅的國家差距很小，前五名也已維持多年不變。

　　今年的世界幸福報告首度將移民的幸福程度納入考量，而芬蘭在這個項目排名第一。由此可見，幸福的社會是那些

有支持性社福系統與機構的社會，使得人民較不易遭到忽略，這些社會也比較樂意接納移民。毫不意外地，最窮困與動蕩的國家也最不幸福——在飽經戰亂的葉門和敘利亞，人民的生活幾無值得歡慶之事。

芬蘭的幸福秘訣相當平淡無趣，秘訣或許就在於它的無趣。有句芬蘭諺語說明了一切：「幸福就是擁有一棟自己的夏日紅色小屋和一片馬鈴薯田。」免費教育、育嬰長假，還有工作與生活的健康平衡，這些都確保人民有餘裕從事休閒娛樂，無論活動是多麼平凡。超過80％的芬蘭人信任國家的警察、教育和健保體系。再加上累進稅制和財富重分配，富人與窮人的生活型態不那麼天差地別，男性與女性的生活也沒有太大差異。

芬蘭廣獲認可為世界上最適合生育、對職業婦女最友善的國家之一。雖然芬蘭的自殺率令人憂心地居高不下，不過自2000年起已降低了30％。芬蘭移民的幸福感除了源於強大的支持網絡與融合政策，也因為他們大多來自文化相仿的地區，例如鄰近的愛沙尼亞與俄國。

世界幸福報告的排名也有些出人意料的結果，最幸福的國家未必是最富裕的國家。美國的人均收入在過去四十年間成長為兩倍，不過人民的主觀幸福感似乎沒有因此提升，在這份報告排名第18名，較2016年下滑了五名；英國排在第19名。研究人員表示，肥胖、憂鬱症與鴉片類藥物成癮等等因

素，都把富裕國家的排名往下拉。

除此之外，不同年齡、文化與社會階級的人對喜悅的認定方式也不同。拉丁美洲各國的收入不高、政府貪腐，社會又極為動盪，然而當地人民自陳的幸福程度相較之下卻相當高，因為他們認為與幸福相關的是穩固的家庭連結。其他文化因素與國族特質可能也有影響。芬蘭文裡就有「sisu」這個字，意思是堅忍不拔與剛毅，不論人生有任何遭遇，都要以這種態度坦然以對。

14 ──────────── 為什麼老人大學 在中國蓬勃發展？

　　每年有好幾次，中國有一群又一群的銀髮族會在外露宿過夜。他們這麼做是為了排個靠前的位置，好在老人大學註冊。自從中國第一間老人大學在1983年開辦後，七萬多間類似的學校在全國各地紛紛出現，提供舞蹈、線上購物或旅遊英語等休閒課程，同時也有比較傳統的學術類學科。2017年，在這些大學註冊的學生總計有八百萬名，是中國六十歲以上世代人口的3％強。在上海老年大學，學生的平均年齡介於六十五到七十歲之間。

　　老人大學的概念並非新創。第三年齡大學（The University of the Third Age）運動在1973年始於法國，名稱靈感來自人生最後三分之一的時期。這個運動後來風行歐洲各地，在英國變得格外熱門。中國第一間老人大學是為共產黨退伍幹部開辦，現今有些老人大學僅限退休公務員參加，其他則開放全民就讀。其中大部分由政府資助，每學期的平均學費是兩百人民幣（約合八百七十台幣）。

　　對這類學校的需求居高不下，而且只會增加。在上海，有意就讀的學生裡每六人有一人能註冊，而這個比例在杭州是十六取一。多間學校已採用抽籤制，其他則是先到先贏。

中國六十歲以上的高齡人口預估會從目前的2.41億增加到2025年的4.87億，將近總人口的35％。中國有全世界最快速老化的人口，自1979年到2016年實施的一胎化政策造成了這種人口結構失衡。這導致了「421現象」，也就是一個子女得設法撫養兩名家長和四名祖父母。

中國政府正致力在2020年前於每個縣都設立一間老人大學。說到底，教育長者是很務實的做法：這能幫助改善記憶力，並減輕有礙健康且導致自殺率升高的孤獨感。這也與儒家思想契合，也就是活到老、學到老的教誨。

不過這些學校無法解決中國人口老化帶來的所有難題。老人大學無法取代正規醫療照護，尤其是中國窮人所需的照護。這些學校也沒有舒緩政府天文數字的社會安全支出，更彌補不了短缺的勞動力。中國政府為解決勞動力問題，已考慮延後退休年齡（目前女性退休年齡依產業而定是五十或五十五歲，男性是六十歲）。在此同時，銀髮族學生倒是把毛澤東主席常說的一句話聽進去了：「好好學習，天天向上。」

15 — 為什麼印度避免與他國結盟？

在中國的經濟與軍事實力增長同時，其他亞洲國家視印度為可能的制衡力量。在這些國家的想法中，印度人口將在下個十年間超越中國，經濟成長也更快，毫無疑問擁有強力後盾來對抗亞太地區可能出現的霸權。也因此，諸如美國與日本，還有澳洲、新加坡與法國（有島嶼領土位於印度洋與太平洋）等等等國家都頻頻向印度招手，急欲與之結盟。然而印度雖與其他民主國家同樣對中國深感戒備，卻一再婉拒他國提議。

印度總理納倫德拉・莫迪（Narendra Modi）已努力耕耘與中國國家主席習近平的私交，兩人曾在2018年4月於武漢舉行非正式的二日高峰會。印度最大的武器供應國是俄國，一個中國日漸親近的盟友。德里當局的部分人士甚至建議印度迴避西方各國，轉向北方諸鄰國尋求類似的同盟關係。為什麼印度的態度如此冷淡？

對於因中國崛起而憂心的國家來說，與軍事盟友打造一個包圍圈好像很合乎情理。個別而論，亞洲各小國完全不是中國巨龍的對手，與比較強大的國家結盟或有抗衡的可能。但這個包圍圈顯然缺了印度這一角，這似乎很奇怪。

印度有很多提防中國的理由。這兩個國家曾在1962年因國界問題短暫交戰，至今仍宣稱對方握有的領土歸自己所屬，也是兩國仍不時衝突的肇因。巴基斯坦是印度的核武敵手，而中國除了對巴國予以慷慨的武器與經濟支援，也毫不客氣地把觸手伸進印度視為傳統勢力範圍內的小國，例如馬爾地夫、尼泊爾和斯里蘭卡。另一個惱人問題是中國對印度不只有鉅額貿易順差，差額還在增加中。

　　印度近年逐漸加強與美國的關係，除了簽署小規模軍事合作協定，也購買了一些美國武器，就是為了因應前述種種問題。有些亞洲地區的民主國家期望與印度建立更深切的戰略關係，印度也與他們維持緊密軍事合作。但即使如此，印度依然迴避建立任何聯盟形式的正式關係。

　　受挫的西方國家傾向把這種推託態度解釋為缺乏政治意志。不過印度政府的搖擺不定沒有表面看來的那麼糟糕。印度自1947年建國以來，一直在尋求完全的戰略自主，雖然成績並不亮眼。

　　在冷戰期間，印度距美蘇較勁的主要場域夠遙遠，避免了選邊站的命運。雖然當時的印度領袖曾略微嘗試過社會主義，並試著與其他曾被殖民的國家建立友好關係，也把美國對巴基斯坦的軍事援助視為對當地印度統治將領「反共產主義」的回報，不過印度後來仍對西方世界大失所望。

印度是不結盟運動（Non-Aligned Movement）的發起國之一，這是一個致力在東西對抗的局面中形成第三勢力的組織。印度對美國涉入越戰極為反感，也對尼克森政府在1971年大力反對孟加拉脫離巴基斯坦獨立十分震驚。印度後來也很反對美國某些躁進的政策，例如2003年入侵伊拉克的決定。印度對於自己因發展核武而遭受懲罰懷恨在心，反觀中國比印度早十年進行原子彈測試，卻獲歡迎加入核武國俱樂部。美國直到近十年間才開始疏遠巴基斯坦，想更積極爭取印度支持。

所以，雖然印度確實提防中國，但一直以來也並不信任美國。印度當局直覺偏好西方世界，但該國具戰略思維的智識份子對此戒慎恐懼，認為印度應避免涉入任何聯盟。他們指出，中國與美澳等國有廣袤的海洋相隔，與印度卻以綿長的陸界相接。中國現今的經濟規模是印度的五倍，如果向這等鄰國發出印度偏好「包圍」策略的訊號，可謂相當冒險。

除此之外，印度也堅定地自視為崛起中的強權。在這個現代世界裡，印度至今都被表現欠佳的經濟拖累，無法擔當不可或缺的角色。然而，再多給印度一點時間與耐心，在這個強權紛立的世界裡，它自會長成一股強大的勢力。

　　　　　　　　　　　加州可以怎麼分割？

　　加州州界於1849年劃定，為它在隔年加入北方聯邦先鋪好道路。加州獲准以自由州的資格加入北方聯邦，是贊成與禁止奴隸制的各州爆發內戰前所做的諸多妥協之一。當時與東部的土地相較，加州有大片腹地被視為不宜人居，到處是山地、森林以及經常洪水氾濫的河谷。加州在1850年的普查顯示人口低於十萬。

　　一百七十年後的今天，加州是美國人口最多也最富裕的州，不只有四千萬居民，也是全球第五大經濟體，大幅領先其他各州。有些人認為加州過於龐大笨重，分割加州成為許多運動追尋的夢想。

　　把一個州加以分割並非新穎的概念，早在1855年就出現過劃分加州的提案。這種改變的渴盼也並非加州專屬。2011年，亞利桑那州皮馬郡的民主黨黨員就曾提議把他們有一百萬居民的郡改立為「巴哈亞利桑那」州（Baja Arizona）。兩年後，科羅拉多州北方的十一個郡，也就是四人中有三人把總統票投給共和黨候選人米特・羅姆尼（Mitt Romney）的地區，曾就是否將當地產的石油與天然氣收益從州政府手中取回、自立一個人口稀少的新州進行投票。不過這兩組人馬的

進展不大。

在加州，關於稅收、公共支出、槍枝授權與公有土地開發等等議題，鄉村與都會居民持有很大歧見。除了部分例外，加州人口較少的地區偏向保守主義，工作機會多又較富裕的都會區則傾向支持民主黨。

美國記者比爾・畢夏普（Bill Bishop）曾提出「大排序」（Big Sort）的說法，意指政治觀點較相近的美國人會逐漸遷往同一地區的現象，而大排序在加州就以恰如其名的大規模發生：大城市的政治立場非常自由派，鄉村地區的郡居民益發保守。分割加州的提議很有可能強化這個排序效應。一個名為「新加州」的提案把州政府形容成一群嗜稅成性的社會主義者，其主旨是想把主要位於鄉村地區的幾個郡劃分為美國第51州。

相較之下，同樣倡導分割加州的美國百萬富翁提姆・德雷伯（Tim Draper）主張，加州實在大到無法妥善治理，分成比較小的州對居民更有利，然而他並沒有提出具體的政策或稅收目標。德雷伯曾提議把加州一分為六，現在則傾向分為三州：北加（NorCal）涵蓋舊金山與加州北部；中加（Cal）囊括餘下大部分的沿岸區，含洛杉磯在內；南加（SoCal）則納入聖地牙哥、曾經相當肥沃的內陸帝國區（Inland Empire）與中央谷地（Central Valley）南部。

反對這類變革的亦大有人在。美國最近一次分割聯邦州是在1863年，當時屬於南方邦聯的維吉尼亞州有部分獨立出來，成為北方聯邦的西維吉尼亞州。要分割一州，必須經過該州州議會的參眾兩院和華府的參眾兩院通過決議。德雷伯說，透過公民提案（citizens' initiative）就能讓他的方案跳過州議會這一關。但就算獲得過半數的加州州民同意，此事還有憲法與程序上的爭議。即便成功的公民提案維持其有效性，國會也不太可能投票通過增加加州的參議院代表人數。

　　而現在有人推出另一條途徑。加州脫美（Calexit）是由倡議團體「加州獨立運動」（Yes California）提出的分離方案，主張讓加州以目前的完整狀態獨立建國。但自從其中一名創團人移居俄國之事曝光後，這個團體已經放棄推動該方案進行公投了。所以目前看來，加州在短時間內應該不太可能會分裂或獨立。

17 ——————— 為什麼德里想獨立建邦？

　　2018年7月，印度高等法院嚴正駁回了該國的中央政府。高等法院判定，印度首都德里應獲准自行處理市政，中央指派的副總督不得一再干預。這項判決為三年來不斷惡化的緊張情勢與政事癱瘓畫下句點；在這段期間，莫迪領導的政府與印度人民黨（Bharatiya Janata Party，BJP）從警察、法院到總督府無所不用其極，就為了與德里的民選市長作對。

　　自2015年起執政德里的平民黨（Aam Aadmi Party）不滿足於法庭上的勝利，食髓知味要求中央政府做出更多讓步。平民黨認為德里應該享有更多的自治權，理應獲得與印度其他二十九邦同等的地位。

　　這個訴求隱含什麼意義呢？

　　德里政壇的難題始於1947年印度獨立不久後。德里是集合印度各地官員的行政中心，也是敏感的政府核心，因此獲得「國家首都轄區」的特別地位，類似美國的華盛頓特區和巴西的巴西利亞，為此衍生出一種混合型的安排。

　　照理德里應有一個民選議會和一名首長代表市民的聲音，不過中央政府為了維繫特權與國家安全，不讓德里市管控自己的土地、警察與公共秩序。由中央政府指派的副總督

負責監督市府，確保德里有遵辦做為國家首府所在地的主要任務，但理論上並不會干涉日常政務。這是充滿內生緊張關係的尷尬安排，不過德里即使從1950年僅有一百三十萬人成長到今日兩千萬人（計入週邊郊區則有兩千六百五十萬人），市政大多運作得相當順暢，「中央」與德里市通常由同一政黨執政也有所助益。

不過在2015年，訴求反貪腐的新興政黨平民黨史無前例地贏得德里市議會七十席議員中的六十七席；同一時間，人民黨則在全國選舉大獲全勝。兩黨都來勢洶洶、野心勃勃。平民黨力求在全國政壇上擴大吸引力，勢力更強大的人民黨則想在弱小的對手初生時就加以扼殺。人民黨用盡各種手段，例如堅決申張副總督聘用、解雇與調動德里市自己行政人員的權力，想讓平民黨領導人顯得無能掌管德里市。

政爭的後果讓兩黨都失了體面，然而政府施政緩滯，諸如嚴重空汙等問題長期得不到解決，受害最深的還是該市人民。市民的憤怒在2018年6月達到頂點：當時立場相對的多方靜坐抗議包圍了總督府與市長辦公室，而德里市最資深（也由中央政府指派）的一群公務員則上演杯葛平民黨行政命令的行動。

最高法院的判決於平民黨是一次精神勝利，不過人民黨也做出反擊。忠於「中央」的公務員堅稱他們毋須聽從市府的命令，平民黨則誓言公開宣揚德里建邦的主張，發起持久

的施壓運動。該黨聲稱，說到底，印度的地圖自獨立以來就經常改變，民眾運動也已經從最初劃定的各邦催生出許多新邦。有鑑於德里的人口與特殊需求，它絕對值得擁有一個權能更完整的地方政府。只不過，該市的市民組成自始就遠比現存的其他邦更多元，可能不會因為建邦的呼召就輕易團結一致。

18 —— **霧霾如何影響中國人的開支？**

　　走在中國城市的街道上，你在路人臉上看到的口罩，差不多就跟眼鏡、手錶一樣多。在北京與上海街頭，掩護口鼻的抗空汙口罩處處可見，尤其是民眾會燒煤取暖的冬季月分。中國消費者每年會花四十億人民幣（六千萬美元）購買口罩，特別是住在繁忙巨型城市的那些人。很多口罩在中國東北的山東省大店村製造，這裡也以「口罩村」聞名於世。

　　口罩或許是中國有毒空汙造成的最明顯支出，卻遠不是最高額的開銷。2018年，美國國家經濟研究局（National Bureau of Economic Research）一篇非正式發表的論文推估，中國為汙染付出的代價可能比先前研究所顯示的龐大許多。康乃爾大學的經濟學家賈攀樂、李善軍、饒德宇和納辛‧賓‧札赫爾（Nahim Bin Zahur）共同發表了這篇論文，分析中國各地三百六十七個城市的空氣汙染與健康照護花費有何關聯。

　　他們綜合了2013年與2015年間，每小時空汙指數與簽帳金融卡和信用卡交易次數的數據，發現每當PM2.5（細懸浮微粒）的指數偏高，消費者就傾向花更多錢購買保健商品與服務。在每立方公尺PM2.5濃度暫時升高10微克的同時，

購買保健產品的交易次數也會提升0.65％。這樣的交易量穩定攀升下去，最後會提高2.65％，而論文作者估計這相當於五百九十六億人民幣（約合兩千五百八十七億台幣）。雖然空汙會提高醫院和藥局支出，不過民眾在超市的花費卻因此下降，因為他們會選擇不出門。

　　由這類研究發現可知，政府致力減緩空汙能省下可觀的金錢。自從中國國務院總理李克強在2014年向空汙「宣戰」，中國就開始關閉導致汙染的工廠、停用火力發電廠，也減少了數百萬輛的車流量。這些措施已使得中國主要大城的PM2.5濃度下降了32％。如果該國的PM2.5濃度減低至每立方公尺10微克，也就是世界衛生組織認定的安全限度，前述論文的作者估計，中國人家應能省下數百億美元的保健支出。絕大多數的中國民眾都會很歡迎這種經濟壓力的舒緩——只不過，「口罩村」村民的心裡可就五味雜陳了。

快上藥房去

中國消費者開支*與PM2.5濃度的關係，2013～20115年

健康照護

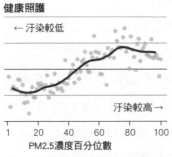

← 汙染較低

汙染較高 →

PM2.5濃度百分位數

藥局

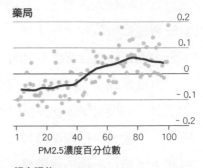

PM2.5濃度百分位數

日常必需支出†

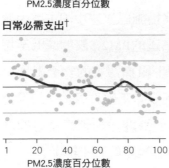

PM2.5濃度百分位數

超市購物

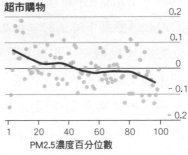

PM2.5濃度百分位數

資料來源：〈從中國消費者的開支，看空汙造成的疾病花費〉（The morbidity cost of air pollution: evidence from consumer spending in China），P. J. Barwick, S. Li, D. Rao and N. Bin Zahur，美國全國經濟研究所，2018

*控制假日、天氣、星期各天等變因後的信用卡／簽帳金融卡交易次數（以對數值顯示）
†排除超市購物支出不計

19　　　　　　　　有多少美國人信鬼？

在兩千年前要熬過冬天並不容易。愛爾蘭非基督徒的異教徒，每年會在秋分與冬至間的中點舉行薩溫節慶祝豐收，而為了增加生存機會，他們會邀請住在「彼世」（Otherworld）的妖魔鬼怪共享盛宴，藉此討好。這個傳統延續到兩千年後，只不過現在已帶有濃厚的美國色彩。

在美國，萬聖節是一門價值數十億美元的生意。每年有大約1.75億美國人會花費總計九十億美元，把自己打扮成食屍鬼、巫師和怪物，在自家布滿假蜘蛛網，並且大啖各種恐怖造型的糖果。

只不過，如果原本的居爾特信仰真的流傳下來，現在還有多少人信鬼呢？《經濟學人》委託民調機構「輿觀」（YouGov）進行調查，依此詢問一組具樣本代表性的美國成年人。令人震驚的是，有47％的受訪者表示自己信鬼，還有大約15％的人自稱見過鬼。

《經濟學人》委實被這項結果嚇到，決定深入追查，想找出是哪些因素影響這些信念。不出所料，教育是其中之一。比起受過大學教育的人，在十八歲或之前就離開學校的民眾較可能信鬼。年齡則呈反比：年紀愈輕的人，對死後世

界的想像較為天馬行空。自陳是中東、美國原住民或跨種族裔的民眾，信鬼的傾向較強。信仰也是很好的指標；羅馬天主教徒因為敬奉聖人的傳統，比新教徒更相信鬼。愈常禱告的人也愈容易相信亡靈存在。

最引人注目的是，性別對超自然的信仰有很大的差異。53％的女性相信有鬼，反觀男性則是40％。當受訪者被問及「對人下咒」是否真有可能，答案也出現類似的性別差異。這種特異的差別可能跟女性常被視為巫師有關，雖然在1600年代的蘇格蘭，在三千五百名因施行巫術而受審判的人裡其實有大約15％是男性。

信不信由你

「你相信世界上有鬼嗎？」依人口結構區分*，美國人回答「相信」的百分比（%）

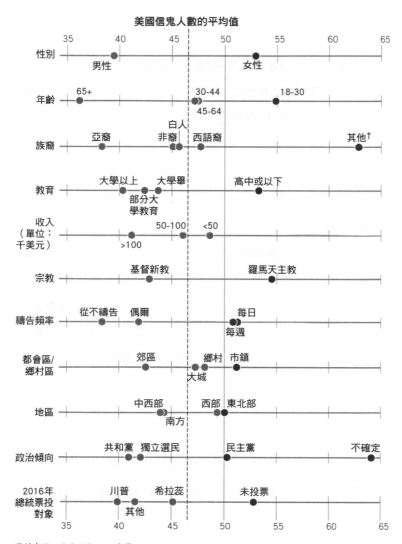

美國信鬼人數的平均值

資料來源：輿觀民調、經濟學人
*於2018年10月27日訪調1,500名成年人
†中東、美國原住民與跨種族裔

「Situka！」烏干達歌手暨政治人物巴比‧韋恩（Bobi Wine）這麼唱道，意思是「大家站起來」。頭戴紅色貝雷帽、口唱激情歌詞的韋恩已成為烏干達最孚眾望的反對派人物之一，這顯然惹惱了該國年邁的總統約韋里‧穆塞維尼（Yoweri Museveni）。2018年8月，韋恩被粗暴地逮捕，與其他三十二人一起被控叛國罪；檢察官聲稱這些人向總統的車隊扔擲石頭。

這個案子引起舉國震動，也讓人有種既視感。此前，該國反對派政治人物已多次被控叛國罪，而在非洲其他國家，對執政當局持有異見者也有同樣遭遇。這類叛國罪案件僅以薄弱的證據起訴，最終也絕少定罪（韋恩就在一個月後獲釋）。所以說，為什麼國家還要跟他們糾纏呢？

表面上是為了控制異議；反對派人物被捕，就無法在媒體或街頭亮相了。在某些國家，被控叛國罪不能申請保釋，其他國家則是有條件的保釋，如同韋恩的例子——他們的活動因此受到管束。一連串冗長煩人的聽證可以拖延數年之久。辛巴威在總統羅伯‧穆加貝（Robert Mugabe）治下，則濫用罪責在選前打壓反對派人物。

在其他地方，叛國罪也用來對付那些質疑選舉結果的候選人。基札‧貝西耶（Kizza Besigye）是烏干達一名反對派領袖，在2016年因為自行宣誓為「人民總統」而被依叛國罪起訴（他說官方投票有舞弊情事）。而在肯亞，米古納‧米古納（Miguna Miguna）是一名持有加拿大護照的反對派律師，在2018年監督反對派領袖萊拉‧歐丁嘉（Raila Odinga）進行象徵性的總統宣示就職儀式，就因此以叛國罪被逮捕並驅逐至加拿大。

叛國罪也屬於一種更深層的政治語言。敏感易怒的總統把批評者描述成國家公敵。「讓他們示威，然後他們就會知道我是什麼人。」坦尚尼亞總統約翰‧馬古富利（John Magufuli）在2018年這麼說；警方後來把一場未經核可的抗議定調為叛國行為。統治者也不喜歡被搶走風頭；哈坎德‧希奇萊馬（Hakainde Hichilema）是尚比亞的反對派領袖，2017年只因他的車隊沒有讓路給總統車隊便遭叛國罪逮捕。

這類缺乏寬容的表現源自過去的殖民政權。英國政府曾用各種罪名關押殖民地的民族主義領袖，例如肯亞的喬莫‧肯亞塔（Jomo Kenyatta）和迦納的夸梅‧恩克魯瑪（Kwame Nkrumah），現今用來對付韋恩的法律也出自英國人之手。

像烏干達這類靠武力奪權執政的國家，反對勢力的空間尤其受限。在這些地方，政壇有兩個戰線：一個是我們熟知的談話節目辯論或競選活動，另一個是為控制軍隊與街頭所

進行的實體鬥爭。反對派人士逐漸轉為抗爭的一方，質疑政權本身的合法性，政府則對他們窮追猛打。「政府會殺了你的孩子。」烏干達執政黨的書記長曾在2016年為嚇阻抗議活動這麼說。在穆塞維尼治下，烏干達一切政治活動的潛規則就是暴力。抗議有如叛變，反對聲音等同於叛國，因為依政府的認知，事情絕無別種可能。

21 ——— 為什麼澳洲有這麼多總理來來去去？

澳洲在2007年以前的二十五年間共有過三任總理，不過自2007年以後就沒有任何一位總理做滿過三年任期。

首先是工黨領袖陸克文（Kevin Rudd），在2010年被他的副手朱莉亞·吉拉德（Julia Gillard）取代。當吉拉德的支持度大跌，陸克文反將一軍，重奪總理職位，但隨後很快在全國大選中落敗，使得強硬保守派東尼·艾伯特（Tony Abbot）於2013年走馬上任。不過艾伯特只撐到2015年就被立場較溫和的麥肯·滕博爾（Malcolm Turnbull）推翻。

2018年，因為艾伯特所屬的強硬右派陣營發動一場政變，滕博爾又丟了工作，由前財政部長史考特·莫里森（Scott Morrison）繼任總理。這使得澳洲在景氣繁榮的十一年間共有過六任總理。為什麼澳洲人一再失去他們的國家領袖呢？

有個原因是，政界各黨團議員能透過所謂的「黨魁虛位」動議表決，來換掉自家領袖。這些表決能來得又快又突然，而且新黨魁的票數只要超過半數就能當選。在本世紀以前，黨魁虛位動議很罕見，有些人認為這種動議會逐漸增加，是因為現代政壇非常在意民調與支持度，政黨常會放手

一搏，靠著在下次選舉前換掉總理來拉抬支持度。

只不過這些無能的領袖，往往導致個人恩怨滋長，讓情勢更是雪上加霜。工黨的黨魁虛位動議起於陸克文和吉拉德的鬥爭，至於在保守派之間，滕博爾與艾伯特早在2009年就開始互相攻擊。澳洲智庫洛伊國際政策研究所（Lowy Institute）的麥可·富里洛夫（Michael Fullilove）觀察道：「前例已經開了，而我們正在等待一位能結束這種慣例的總理出現。」

其實這跟澳洲國會系統的特殊情形有關。首先，它的三年一選是全世界最短的選舉週期之一：總理才剛宣誓就職，各黨馬上就開始布局下一輪選舉。

其次，澳洲參議院的權力之大，在全球數一數二：他們可以讓由不同黨派主持的政府動彈不得，而史上跟參議院多數黨同黨的總理並不多。澳洲參議院以比例代表制選出，而且多數席位是由各個小黨與獨立候選人獲得。

第三，投票在澳洲是強制性義務。澳洲國立大學的伊恩·麥卡利斯特（Ian McCallister）教授估計，有多達18％的選民會去投票是因為他們不能不投。對這群選民來說，個人風格的吸引力遠大於實質作為，更強化了澳洲根深蒂固的人格政治文化。

如果政府對不起澳洲人，這種不忠可能比較好理解，不過該國經濟已經二十七年沒有衰退了，以至於這些黨內叛變

愈加適得其反。澳洲人已經厭倦了這些突發的政壇動盪，也對該國政治人物表現出史上少見的強烈不信任。在2018年的鉅變之後，目前執政的自由黨支持度跌到歷史新低。

不過情況還是有可能改變。工黨自從黨內權力來回交替之後，在2013年引用新規範，此後要密謀奪取黨內大位就沒那麼容易了。現在的工黨黨魁必須由議員和黨員共同選出，過程為時一個月，有充足的時間讓他們更深思熟慮。想要強推黨魁虛位動議的黨員必須發起連署，並且要有60％的同僚簽署才能成立。反觀自由黨內的反對勢力，仍只需票數過半就能換掉黨魁。

陸克文已經聲稱，這樣的變革使得「動不動就推翻黨魁」成為歷史。陸克文的繼任者比爾・肖頓（Bill Shorten）的選民人氣不高，卻穩居超過六年工黨黨魁而沒有受到虛位挑戰。自由黨或許可以由此學點教訓。

什麼是北方海航道？

2018年8月23號，丹麥馬士基航運旗下的文塔號（Venta Maersk）貨櫃船自俄國遠東地區的海參崴港起錨，開始了一趟意義重大的旅程。文塔號途經東西伯利亞海與拉普提夫海，於9月28日抵達聖彼得堡，循的是在這北部氣候帶最新發展出來的一條海航路線。

船身特別加強過的文塔號，是世界上第一艘駛入俄屬北極海域的貨櫃船，而這只是一次試航，是為了蒐集資料並確定這條航線可行與否，而不是為了在馬士基的既有航線外另闢商業路線。不過專家也認為，從這次試航創舉可以看出國際間對北極海域與日俱增的興趣。

過去十年間，因為冰原融化，從前受阻的北極海船運通道已經打開。中國國營的中國遠洋運輸公司是對北海航道反應最積極的成員之一，自2013年起已經在該海域完成超過三十次航程。中國也砸下重金，在俄國北極海沿岸打造基礎建設、投資油井與天然氣井。不過對中國來說，北極海只是更大布局的一部分。

俄羅斯在此地的利害關係更大，30%的國內生產毛額都有賴這個區域。北極研究站的資深研究員馬爾特‧漢普特

（Malte Humpert）表示：「俄國的未來繫於北極，本地會成為取得與運輸歐亞資源的要道。」俄國現在也有訂立規矩的資格。因為北極最繁忙的海運航道是北方海航道（Northern Sea Route，NSR），絕大部分就位於俄國領海內。

北方海航道始於近俄國與丹麥交界的巴倫支海，終點是西伯利亞與阿拉斯加之間的白令海峽。想行駛北方海航道需要俄國當局批准，而俄國可據此收取通航費並提供破冰船協助護航。

北方海航道將大幅縮短歐亞之間航程的時間，被打著將與蘇伊士運河比肩的招牌宣傳。例如一艘從南韓前往德國的船隻經由蘇伊士運河可能會花上大約三十四天的時間，走北方海航道則只要二十三天。

極區航道自有其缺陷：每年的航行季只有三到四個月，海冰狀況無從預料，保險費高昂，還需要造價不菲的特製船隻，更缺乏搜救團隊與基礎設施支援。出於以上種種原因，專家認為北方海航道在2040年以前還無法成為經濟可行的替代航道。

雖然北方海航道可能永遠無法與蘇伊士運河匹敵、成為歐亞之間的貨運主航線，它仍然可以是石化燃料的運輸要道。想在經濟上可行，航經蘇伊士運河的貨櫃船必須在沿途卸貨給多名客戶，但這種商業模式對地廣人稀的北極圈就行不通了。

不過對於石油和天然氣油輪來說，只服務單一地區市場而不用中停是划算的選擇，北方海航道很適合這類船運。世界局勢要是變得比較不穩定，北方海航道的前景也會更看好；非洲東北角的海盜愈多、麻六甲海峽愈壅塞、蘇伊士運河的恐怖攻擊愈頻繁，都將使得控制北方海航道在戰略上更顯重要。

　　有鑑於美國對北方海航道的競爭意願很低，俄國與中國會在這件事情佔上風。

資源為王：
出乎意料的財貨商品

Q 為什麼驢皮是新的象牙？

（1）驢皮保暖耐穿

（2）驢皮價格低廉

（3）中藥材對驢皮的需求高漲

（4）驢皮顏色像象牙

──答案詳見P.82

Q 為什麼可以用月餅分析中國經濟？

（1）月餅造型暗示民間景氣

（2）月餅餡料代表人民窮或富

（3）新款月餅顯示創新動能

（4）月餅銷量透露貪腐程度

──答案詳見P.98

23 ──── 為什麼驢皮是新的象牙？

在開發中國家，驢子是許多農村倚重的勞動家畜，不過現行風潮要是持續下去，全球的鄉村窮人可能很快就得找新的牲口來做苦力了。許多非洲國家的驢子大幅減少，例如肯亞的驢子數量從2009年至今就掉了一半，現在僅存九十萬隻。這個現象的主因既非疾病，也不是對驢子活口的需求降低，而是因為驢皮市場迅速成長。

中國人自古就食用「阿膠」，這種熬煮驢皮濃縮成的明膠類物質，被視為靈丹妙藥之類的補劑。隨著中國社會在1990與2000年代富裕起來，這種產品的需求水漲船高，加上農耕與運輸也不再那麼仰賴驢子，於是中國的驢子數量從1990年的一千一百萬隻減少到2016年的五百萬隻。因為驢子的生育量較少，中國國內的驢子數量緩解不了他們的求「膠」若渴。解決方法之一是用別種動物的皮來仿造阿膠，例如豬皮，但有些製造商現在會採用DNA檢驗，確保他們的阿膠貨真價實。

另一個選擇是進口外國的驢子，中國最大的驢皮來源是非洲。肯亞的驢子價格在2017年的六個月間飆漲了325％；從2011年到2016年，波札那的驢子減少了60％；賴索托則減

少了五分之一。不只非洲，世界各國都投入這波驢皮熱。與中國接壤的吉爾吉斯與印度，光是2015年與2016年，驢子的數量就減少了五分之一。在比較遙遠的國度，哥倫比亞的驢子在同期減少了十分之一，巴西則是5％左右。有些南美洲的驢子被運到遠在一千公里外的地方屠宰，足證中國人的需求有多麼無遠弗屆。

我們很難怪罪窮苦農民變賣驢子，因為販賣所得遠高於牠們作為役用動物的價值。不過在很多案例裡，賣方並非真正的驢子主人。已經有人為了從飆升的價格牟利而開始偷驢子，剝奪農民最寶貴的勞動牲口。為了因應這個問題，有大約十五個國家已採取打壓販驢的措施，例如拒絕發給出口許可。巴基斯坦在2015年成為第一個禁止驢皮出口的國家，包括波札那在內的數個非洲國家也陸續禁止驢皮出口中國。慈善組織驢子庇護所協會（The Donkey Sanctuary）希望立即禁止相關貿易，但中國中產階級對阿膠的熱愛使得該國政府對此充耳不聞。2018年1月，中國政府將進口驢皮的關稅從5％減至2％，為這項產業又打了一針強心劑。

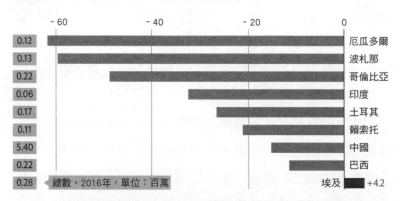

驢子捉迷藏

驢子數量在下列國家於2011～2016年間的變化（%）

總數，2016年，單位：百萬	國家
0.12	厄瓜多爾
0.13	波札那
0.22	哥倫比亞
0.06	印度
0.17	土耳其
0.11	賴索托
5.40	中國
0.22	巴西
0.28	埃及 +4.2

資料來源：聯合國糧農組織

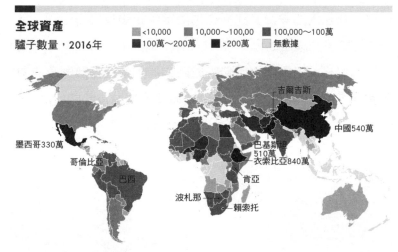

全球資產

驢子數量，2016年

<10,000　10,000～100,00　100,000～100萬
100萬～200萬　>200萬　無數據

吉爾吉斯

中國540萬

墨西哥330萬

哥倫比亞

巴西

巴基斯坦510萬

衣索比亞840萬

肯亞

波札那

賴索托

資料來源：驢子庇護所協會；聯合國糧農組織

24 ─────── **為什麼日本有這麼多鈽？**

　　美國在廣島與長崎投下原子彈的十年後，日本開始推行「原子能和平用途」，也就是時任美國總統艾森豪大力鼓吹的民用核能政策。在冷戰時代，這樁不可思議的權宜聯姻有份嫁妝：六公斤的濃縮鈾。日本拿它來創始核能發電計畫，最終供應了全國大約三分之一的電力。1988年，日本在嚴格的國際監控下獲准進行濃縮鈾與提煉鈽的工程，採用製造原子彈相同的技術。美日兩國在2018年又延長了這份1988年簽訂的協議。如今日本已累積四十七噸的鈽，足以製造六千枚炸彈。日本坐擁這麼多鈽，有什麼用處呢？

　　日本一直想追求能源獨立自足，對這早已蒙塵的夢想而言，鈽是其中關鍵。核電廠反應爐消耗燃料所產生的廢料可以再處理，萃取出的鈽元素能回收製成混合氧化物燃料（mixed oxide fuel，MOX）。這些燃料可供日本的核電廠反應爐使用，不過自從2011年發生福島核災，該國大部分的核電廠已停止運轉。即使政府進行更嚴格的安檢，恐核的民眾也不信任這些反應爐能安全重啟，此外日本的核電廠群也在老化。日本前外務大臣河野太郎就曾承認現狀「極不穩定」。

日本是鈽存量超級大國，這也引發愈來愈多的審視。日本政府表示他們無意打造核彈，不過中國與其他國家質疑是否該讓日本繼續儲備大量鈽元素。分析人士擔憂亞洲各國可能會展開鈽囤積競賽。此外，日本武器級鈽元素的庫存是在法國與英國再處理與儲存，經由重裝戒備的船隊橫越大半個地球運送。美國表示，這些運輸船與儲存鈽的民間基地可能會危及防止核武擴散的努力，因為鈽能用於製造武器，也可能成為恐怖分子的目標。美國正在敦促盟國日本開始減少鈽存量。

　　解決方法之一，或許是啟用六所村的核燃料再處理工廠，也就是日本核燃料回收政策的重鎮。六所村位於多雪的日本北部，每年能再處理八噸的鈽。不過在六所村處理鈽的費用是三倍，處理廠也已經延宕二十年仍未完工（目前預計於2022年3月啟用）。即使六所村某天總算開始運轉，有些核子反應爐原本預計使用它產出的混合氧化物燃料，屆時大多也退役了。

　　美國可以加大控制力度，甚至中止1988年的條約（其中一項條款允許），然而美日穩固的雙邊關係封住此路。這表示日本一定得找出方法把鈽埋存在地底，但這是一項龐大且昂貴的工程。要不然，日本就得付錢請例如英國或法國代為跨海儲存鈽原料，而且或許得永久存放。所以事情最有可能的發展，就是持續這個不穩定的現狀。

25 ─────── # 為什麼全球香草陷入短缺？

　　香草（vanilla）是世界上最受歡迎的香料之一，也是從巧克力到香水等各種產品的重要原料，但現在是愈來愈難取得了。冰淇淋這類大量添加香草的食品不是下架就是漲價，廚師也得盡量省著用手頭存貨。香草的批發價已經漲到每公斤五百～六百美元，僅僅幾年前的價格還只是現在的十分之一。究竟發生了什麼事？

　　波旁香草（Bourbon vanilla）是原生於墨西哥與南美洲部分地區的熱帶攀緣藤本蘭花。十九世紀時，法國人把這種植物引進當時法屬殖民地馬達加斯加。如今這個島國供應全球80～85％的天然香草，佔該國出口貿易的20％，以現行市價計約六億美元。

　　香草是一種很難種植的作物，一株香草藤需要三到四年長大成熟，取優質的大型植株扦插則需要兩年。香草蘭每年只會綻放一天，所以要用手工授粉。歷經九個月長成的綠色果莢，一定要在完全成熟時以手工摘取，才能讓其中所含的香草精（賦予香草風味的化合物）處於最佳狀態。等常有颶風來襲的雨季過後，就是馬達加斯加的香草收成季，從北部的五月一直到中部的八月。接下來必須經過數月的殺青、發

汗（sweating）與日曬逐漸乾燥，才能製成這種芬芳的香料。六百朵人工授粉的香草蘭能結出大約六公斤的綠果莢，加工後會變為一公斤的乾豆莢。

　　馬達加斯加香草的價格一度由政府制定，與鄰近的科摩羅群島和留尼旺形同聯合壟斷了市場。不過他們開出的價格過於高昂，導致買家在1980年代把注意力轉向其他地區較低廉、品質較差的替代品種，尤其是印尼產的香草。馬達加斯加政府最終被迫終止固定價格的體系，更令他們備感壓力的是，諸如聯合利華、億滋國際與雀巢等食品業巨頭也增加了合成香草精的用量，這種替代品可用木漿和石油等來源穩妥的原料生產。因此有二十年的時間，馬達加斯加的香草農收入微薄，許多人最終離開了這一行。即使生產者減少，因為合成香草精方便好用，天然香草的價格仍持續偏低。

　　一直到民眾開始追捧天然產品，農民才重獲命運眷顧。從大約2011年起，部分食品製造商又開始重用天然香草（不過他們也調整配方，讓天然香草嚐起來與消費者已熟悉的合成風味雷同）。2015年，雀巢宣布將在五年內全面採用天然原料，好時（Hershey）等對手也紛紛跟進。香草的市場需求因此爆增，價格隨之飆漲，部分原因是香草藤需要多年才能成熟結果，現下的天然香草供應量不足。極端的天氣、作物供應不穩定、出口商預期未來價格攀升而囤貨，這些因素也都使得香草市價居高不下。

　　天然香草的復興也有其挑戰。農夫為了防範如今相當值錢的作物遭竊，開始在果實成熟前提早採收，導致整體品質降低。同一時間，政府也得付出更多努力，假使任何人在各地規定的採收期之前就交易未成熟的果實，必須加以懲處，才能促使農民等豆莢成熟再採收、提升品質與產量。馬達加斯加如果能善加管控，就有望再度嚐到幾近獨占市場的甜美果實。

為什麼哥倫比亞的
沉船之寶引發爭奪戰？

　　1708年5月，配有六十二座砲口的西班牙大帆船聖荷西號（San José）從波托貝洛（Portobelo，位於現今巴拿馬）啟航，前往哥倫比亞的卡塔赫納（Cartagena）。船上載有六百名船員與屬於秘魯總督的一筆巨額財富－－兩百噸的黃金、銀子與翡翠。不過聖荷西號從未抵達目的地：一支英國船隊在那年6月擊沉了它。超過三世紀的時間，聖荷西號的沉船處仍是個謎。

　　不過在2015年12月4日，哥倫比亞總統胡安・曼紐爾・桑托斯（Juan Manuel Santos）宣布，一個考古學家團隊在距該國沿岸48公里處的海底發現了聖荷西號殘骸。桑托斯誓言讓價值高達一百七十億美元的沉船殘骸與載運物重見天日，並且在卡塔赫納興建博物館加以收藏。只不過，這艘大帆船目前還躺在海床上。為什麼會拖延這麼久呢？

　　因為聖荷西號的所有權歸屬引發了極大爭議。一個聯合團隊歷經五個月的探勘，在2015年11月27日確定了這艘船的位置。團隊成員有哥倫比亞海軍、英國的海洋考古顧問公司（Maritime Archaeology Consultants），以及提供一具無人潛艇的美國伍茲霍爾海洋研究所（Woods Hole Oceanographic

Institution）。

哥倫比亞政府表示，根據該國於2013年通過的沉水文化遺產法（Submerged Cultural Heritage Law），沉船與其中的寶藏屬哥國政府所有。但其他人紛紛反對。西班牙政府說，聯合國教科文組織的水下文化遺產公約賦予西班牙這艘船的所有權。美國探勘公司阿馬達海洋搜尋（SeaSearch Armada）則宣稱他們在1981年發現了聖荷西號，並且把沉船位置告訴哥國政府，該公司認為自己應得船上一半的寶藏。不過哥國政府表示，這艘西班牙大帆船是在另一個地點發現的，精確的座標是國家機密。

當時桑托斯總統正得勢，亟欲著手讓這艘沉船重見天日，結果過程緩慢得令人喪氣。這個挖掘計畫預計需花費六千萬美元；桑托斯希望達成官民合作的協議，讓一家私人公司出資挖掘沉船、協助建造實驗室和博物館來保存並展示船上寶藏。這家公司會獲得高達40％的寶藏為報酬，只要是不屬於哥倫比亞文化資產的部分即可，例如金塊與銀錠。這份合作契約在2018年3月公開招標，結果遭到輿論攻擊此舉有失恰當，申請期限也多次延後無果。抗議人士認為政府偏袒海洋考古顧問公司勝於其他公司，但哥國政府矢口否認。

許多哥倫比亞人對分攤沉船財寶的作法感到憤怒。2018年7月，一群自稱「憂心的公民」，向首都波哥大的法院遞交一份終止公開招標的請願書，聲稱這有損哥倫比亞人的權

利。招標程序曾在請願審理期間暫緩，但這個提案後來被法院駁回。不過事情又有轉折：桑托斯總統在2018年8月卸任，繼任的伊萬・杜克・馬奎斯（Iván Duque Márquez）得決定是要蕭規曹隨或改變做法。

有鑑於該國曾被殖民的歷史，哥倫比亞人對想分一杯羹的外國人心懷防備很可以理解。不過這個國家的海岸外估計有超過一千艘大帆船與商船的殘骸，給賞金獵人一點誘因，似乎不失為精明的投資。

什麼是布蘭特原油？

27

全球每天交易一億桶原油，而布蘭特原油是大多數原油的定價參考基準。2018年10月，布蘭特原油的價格攀升到每桶超過八十五美元，是四年來最高。不過構成布蘭特油價基準的原油只占全世界提煉原油的極小一部分。那為什麼布蘭特原油決定了國際市場上60％石油的價格呢？

國際石油交易是較晚近才出現的產業。世界上首次出現兩國交易石油的紀錄是在1861年，一艘名為伊莉莎白‧瓦茲號（Elizabeth Watts）的貨船受託從美國賓夕法尼亞州載運石油到倫敦。第二次世界大戰以前，石油一般只在產地鄰近地區買賣；二戰以後，石油市場因為生產者增加而日趨全球化。從前的油價主要由石油公司制定，後來則是由結盟為石油輸出國組織（OPEC）的十五個國家決定，直到1980年代晚期才開始視國際市場而定。因為原油的品質與產量隨產地而有所不同，生產者與交易商需要一個可靠的基準來判定合理價格。

最廣為使用的定價基準就是產自北海的布蘭特原油。布蘭特原油之所以是如此優良的價格基準，主因為它很容易精煉成汽油等產品，所以市場需求一直很穩定。布蘭特原油抽取自海底油床，可視需求增產，也很容易徵調額外的油輪來

運輸。西德州中級原油（West Texas Intermediate，WTI）是美國普遍使用的油價基準，它比較容易精煉，但產地位於內陸，供應受油管容量限制。

布蘭特原油在1985年首度廣獲採用為定價基準時，是產自殼牌石油公司的布蘭特油田。後來那裡的產量下降，北海其他油田產的石油就被拿來混合使用，以補足定價基準所需的用量。在今天，一桶布蘭特原油含有五種不同的原油，都是市場上最具競爭力的油品，其中只有一種真正產自布蘭特油田。這種作法維持了供油的穩定性與產量，確保這個油價基準可靠無虞。布蘭特原油在全球市場的地位已經確立，但它的重要性就不確定能否持續了。北海的原油蘊藏量逐漸枯竭。添加北海以外的新種原油能協助穩定供應價格，但也影響了布蘭特原油一貫的品質。

西德州中級原油是第二常用的油價基準，自從美國政府在2015年取消原油出口禁令，它的影響力就與日俱增。2018年，中國為創造一個亞洲油價基準而發行了上海原油期貨，意在與西方現行的兩個油價基準相抗衡。許多根據上海原油定價的交易使用人民幣，這也有助於提升中國貨幣在全球經濟中的地位。上海原油已小有成績，但想要成為全球市場的選擇之一，還需要引起別國更大的興趣。

布蘭特原油目前仍是最盛行的原油定價標準，雖然它有一天也可能不敵競爭而失去優勢。

為什麼中國要出租貓熊？

　　貓熊既可愛又廣受歡迎，但也非常昂貴。事實上，貓熊貴到據說馬來西亞政府曾考慮把該國的兩隻成年貓熊還給中國，也就是世界上所有貓熊的原產地。馬來西亞在2014年由時任總理納吉・拉薩（Najib Razak）與中國簽訂合約，每年必須支付一百萬美元租這兩隻貓熊，直到2024年為止。後來馬來西亞新政府在2018年5月上台時重審這項協議，總理馬哈迪・穆罕默德（Mahathir Mohamad）在2019年1月否決了內閣要求將貓熊提早歸還中國的提議。為什麼馬來西亞要付出這麼高昂的租金？

　　武則天在公元七世紀時將兩隻貓熊贈予日本，從此開啟中國拿貓熊當禮物的傳統。這個傳統在毛澤東時代重新浮上檯面。俄國跟北韓都曾在冷戰期間獲贈貓熊，美國也在尼克森於1972年訪中後收到一對。把國家代表動物送給外國強權，是中國強調友好政治關係的方式。隨著中國愈來愈向資本主義靠攏，貓熊也開始成為一種經濟手段。

　　自1980年代起，中國不再免費奉送貓熊，改以每月五萬美元的價格出租，而且這些動物與牠們的後代仍屬中國所有。這些貓熊也不是隨便哪個國家都能租。牛津大學研究

員凱瑟琳·白金漢（Kathleen Buckingham）與保羅·傑普森（Paul Jepson）發現，近年來蘇格蘭、加拿大和法國獲得貓熊租約時，恰好都與中國簽訂了貿易協定。這兩位研究員認為，貓熊是中國人所謂打好「關係」的關鍵──也就是與別國建立互惠的聯繫，藉此促成更深刻與信任的連結。

這種動物的外交地位也引發過爭議。中國曾在2010年歐巴馬會見達賴喇嘛時表達了憤怒，兩天後，一對在美國出生的幼貓熊就被送還中國。華盛頓特區的國立動物園曾請求延展其中一隻幼熊的租期，遭到中國拒絕，最後兩隻都還了回去。因為事發時間點的巧合，有些人把這解讀為一種懲罰。相關爭議也使兩岸關係蒙上陰影：2005年，台灣拒絕了中國贈送的兩隻貓熊，因為當時立場傾向獨立的台灣政府不接受牠們的名字（「團團」和「圓圓」是在玩「統一」的文字遊戲）。隨後執政的台灣政府較為親中，接受了這對貓熊，作為強化兩岸關係的策略之一。

有些人不贊同的是租借貓熊這件事本身。當兩隻貓熊在幾年前入住蘇格蘭的愛丁堡動物園時，當地的動物福利慈善組織倡議主任羅斯·米奈特（Ross Minett）表示，這些動物「透過商業交易，被當成外交抵押品利用」。愛丁堡動物園倒不介意──自從貓熊抵達後，入園參觀人數在兩年間增加了四百萬。

　　一方面也多虧有倡議團體世界自然基金會的施壓，中國必須把租金用於貓熊保育。我們不清楚中國究竟有沒有這麼做，過去四十年間，研究與保育中心的數量已增為四倍。然而復育野生貓熊族群確實是相當艱難的任務；野生貓熊在1976年有一千一百隻，至今只增加到一千八百六十四隻。

為什麼可以從充滿爭議的月餅
窺得中國經濟的堂奧？

　　月餅是最引戰的美食之一。對某些人來說，這種香Q的糕點是在中秋假期飽足口慾的美味，另一些人卻嫌月餅又乾又膩口、熱量爆表。不過月餅在經濟學家眼中具有截然不同的意義：它是一種指標，能藉此看出消費、創新、貪腐和灰市交易的重要趨勢。

　　月餅能扮演這種角色，因為它也是一種禮品；公司行號會在中秋前夕發月餅給員工，商場伙伴也會互贈月餅禮盒。與其說月餅消費反映民眾喜愛此類點心的程度（有人把它比喻為能吃的曲棍球），不如說是衡量中國經濟體質的指標。因此，在中美貿易磨擦漸增的當下，中國烘培食品糖製品工業協會預估2018年9月的月餅銷售量會增加整整5～10％，就很振奮人心了。

　　有些觀察人士擔憂，中國消費者苦於債務增加，可能會改選購較低廉的商品。不過對於月餅，消費者還是偏愛奢華口味，而非傳統普通的蛋黃果仁餡。五星級連鎖酒店香格里拉就以藍莓乳酪月餅圈得大批粉絲（傳統派人士嗤之以鼻，說那只是起司蛋糕）。從哈根達斯店面大排長龍的景況看來，月餅造型的冰淇淋三明治也很受歡迎。2018年有至少

三十家上市食品公司競逐價值二十億美元的月餅市場，盛況空前。

月餅向來都能透露貪腐的端倪。公司行號為了獲得官員垂青，會贈以包裝華麗的月餅禮盒。中國國家主席習近平在2013年加強反貪腐運動時，月餅市場萎縮了超過20％。等月餅市場在2015～2018年復甦，自然也引發賄賂再度興起的傳言，不過政府矢口否認。然而在2018年9月，中國共產黨反貪腐單位（中央紀委常委會）發行的報紙頭條警告道，月餅雖小，卻能點出更龐大的問題。

月餅消費最迷人之處，或許是它能讓人一窺中國灰市經濟的某些面向。2018年9月，兜售月餅禮券的黃牛一如往常地出現在上海街頭，在人潮如織的地鐵站和熱門糕餅店外卡位。大多數的經濟研究形容黃牛是運動賽事或音樂會一票難求時會有的現象，這些人會以高價轉售票券並賺取差額。然而中國的月餅並未短缺，問題其實在於無效率的分配：有太多不喜歡月餅的人拿到禮券，決定拿來出售。這提醒了我們，無論是國營企業或贈禮習俗，中國的經濟雖然有很多缺乏效率之處，他們還是有足夠的效率可以想出解決之道。

30 ─────────────── # 為什麼西方人的雞肉
食用量大幅上升？

　　隨便走進西方國家大城市任何一家大型超市，你都能找到純素產品專區，這可能會讓你以為只吃植物製食品的人正在增加，但調查顯示，只有不到10％歐洲人已完全從飲食裡根除肉類。根據蓋洛普民調公司，美國只有5％的成年人吃素，而這個比例從1999年以來幾乎就沒變過。雖然西方人對於豆製香腸仍有疑慮，食用的牛肉跟豬肉量也一如既往，他們的飲食習慣在近幾十年間有了明顯改變。經濟合作發展組織（OECD）是一個主要由富裕國家組成的團體，他們的資料顯示，自1990年以來，富裕國家的人均雞肉攝取量增加了70％。

　　雞肉在西方烹飪中更加吃重的原因何在？其中一個因素與健康有關。醫生在1980年代警告，食用過多的飽和脂肪可能會增加罹患心臟疾病的風險，而紅肉就富含這種脂肪。如今醫界對飽和脂肪的疑慮雖已降低，新近證據仍顯示吃紅肉或能導致結腸癌。雞肉相形之下屬於比較健康的肉品，名聲也保持無損。

　　民眾吃更多雞肉的第二個原因是價格變便宜了，禽肉生產者比其他肉品生產者更成功地降低了成本。在1960年，一

磅雞肉的價格是等重牛肉的一半，現今則降為三分之一。自1940年代以來，雞農就競相培育體型更大的雞隻以供應更多肉。有工業型農業使用的抗生素助陣，雞農得以在較過去更狹小骯髒的環境裡養雞。

亞伯達大學（University of Alberta）的馬丁・祖朵夫（Martin Zuidhof）研究發現，在2005年，一隻五十六天大的肉雞重4.2公斤，不過1957年的同齡雞只有0.9公斤。雞的體型更大，住得又更密集，飼料換肉率在牠們缺乏活動空間的情況下提升了（當然現在的雞農已較少使用抗生素）。

對於想大啖精益蛋白質的消費者來說，這是吃雞肉很好的兩個誘因。不過他們或許也該聽聽動物福利倡議人士怎麼說——所有雞隻的體重上升幾乎都來自肌肉量的增加，亦即牠們的內臟器官得更賣力運作。心血管疾病因此屢見不鮮，跛行也是。現在的肉雞體型過大，笨重的肌肉害牠們難以騎到彼此身上交配。被選為育種用的雞隻因此得在幼時限制卡路里攝取，從而發育不良。對人類來說，現代的雞或許是健康餐點的來源，不過為了成為我們的盤中飧，牠們的福祉每況愈下。

31 — 為什麼室內盆栽掀起了全球熱？

　　1980年以後出生的人比他們的長輩更晚才安定下來。有些人想在結婚生子前探索世界，其他人純粹是買不起房子，不過他們買得起室內盆栽——很多人發現，養盆栽是一種更容易掌握的家居生活。自二十一世紀以來，荷蘭出口的植物已增加50％，從2000年的六十億美元來到2016年的九十億美元，而荷蘭目前也是全球最大的盆栽生產國。歐洲人在2016年花費大約三百六十億歐元（四百二十億美元）購買室內盆栽與花卉。

　　而在美國，千禧世代的年輕人估計貢獻了整整三分之一的室內盆栽購買量。全球最大的網路零售商亞馬遜自去年開賣植栽商品，Patch和The Sill這類直接面對消費者的新創公司也紛紛成立，把裝在漂亮花盆裡的觀葉植物送到世界各地的消費者手中。以網路搜尋資料來衡量，對室內盆栽的興趣忠實反映出銷量的竄升。谷歌上的多肉植物搜尋次數自2010年起已增為十倍，其他綠色植物的熱門程度相似地飆高。這些數據也很有季節性：民眾對室內盆栽的興趣在春季綻放，在12月則處於休眠狀態。

　　為什麼綠色植物變得熱門起來？比起長輩，年輕人更可能住在沒有庭院的都會公寓。室內盆栽會長大，也需要照顧，但終究不若寵物或小孩那麼需要費心與昂貴。仙人掌與其他植物之所以會爆紅，照片分享平台Instagram也是功臣：#plantsofinstagram（Instagram植物）這個標籤下有超過三百萬張照片——是之前在千禧世代間大流行的#avocadotoast（酪梨吐司）的兩倍。

苗壯的興趣

幾種室內盆栽的全球谷歌搜尋量；100=最大值

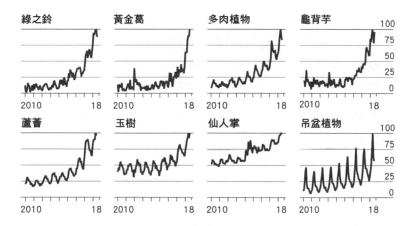

資料來源：Google搜尋趨勢、《經濟學人》

32 ────────────── 為什麼裏海是海還是湖
引發各國爭論？

　　裏海是海還是湖？二十年來，亞塞拜然、伊朗、哈薩克、俄國和土庫曼這些環裏海國家為此爭論不休。裏海如同許多湖泊，沒有注入海洋，不過它的面積與深度堪比一片海域。至於它是海或湖不僅事關語義上的分別，也有經濟、軍事和政治意義。

　　這是因為湖面和湖底的管轄權由四周國家均分，海洋則依聯合國的海洋法界定，近岸的海面與海床會根據相關的海岸線長度來分配管轄國。從前的裏海周圍只有伊朗跟蘇聯兩個國家，他們簽訂過一系列雙邊協議，認定裏海是湖泊，管轄權由雙方均分。伊朗境內的裏海海岸線很短，所以他們至今仍偏好裏海為湖泊的想法。擁有最長裏海海岸線的國家是哈薩克，則是偏好視裏海為海洋的國家之一。

　　根據美國能源資訊管理局（US Energy Information Administration），裏海的海盆與周邊區域富含碳氫化合物，蘊藏四百八十億桶石油與超過八兆立方公尺的天然氣。裏海周邊國家已經開採了近各國海岸的油氣礦藏，亦即不論它是海是湖都沒有管轄權爭議的區域。不過許多碳氫化合物沉積在南裏海底部，這也引發了亞塞拜然、伊朗與土庫曼的爭

執。除此之外，擁有全球第四大天然氣蘊藏量的土庫曼想打造一條跨裏海的管線，把天然氣出口到歐洲。俄國長久以來都反對興建這條輸氣管，聲稱這有環保疑慮，實際動機可能是想維持市場優勢。

2018年8月12號，為了決定這片水體的地理地位，環裏海五國的領袖齊聚哈薩克的阿克淘市（Aqtau）。這次會議促成的《裏海法律地位公約》（Convention on the Legal Status of the CaspianSea）是一個折衷的結果。這個公約從題名就下了定論，但它其實判定裏海既非湖泊也非海洋。

裏海的水面被視為海洋處理，各國獲准擁有自海岸線算起十五海里的管轄權，以及額外十海里的漁業權。至於裏海底部與其中蘊含的值錢礦藏則沒有精確的分配形式。這些財富該如何分配，留給各國以雙邊協議的形式去談判。這個公約也允許運輸管線的建造，只要途經海床的管轄國同意即可，此外也要符合環保規定。非裏海國家則禁止派遣軍艦進入這片水域。

短期內最能從這項公約得利的是俄國，俄國因此保住了裏海的艦隊優勢，過去他們曾經由此發射飛彈攻擊敘利亞的目標。面對美國的制裁，這項公約明白昭告了俄國與伊朗聯手合作。有鑑於中國在裏海地區的影響力日增，這項公約也讓俄國重新穩固了與裏海諸國的關係。

對其他國家來說，這份公約的好處並不那麼明確。哈薩

克藉此更加確保對離岸卡沙干油田的主權，但此事向來沒有爭議。至於哈薩克的石油和土庫曼的天然氣想透過跨裏海管線運輸到亞塞拜然，這項工程的可行性再次獲得確認，不過在國際法規範下本就可行。至於其他裏海國家能否以環保為由阻撓這些管線的建設，就不清楚了。

南裏海的爭議區域依舊無解。伊朗總統哈桑・羅哈尼（Hassan Rouhani）明確表示，他們還需要更多協議才能將南裏海海床劃分為各國領土。裏海的水面或許比較接近海洋，但海床底下的土壤如何歸屬仍待釐清。

房事解密：
愛情、性生活與婚姻

Q 為什麼花大錢辦婚禮不是好主意？
（1）舉債辦婚禮很難回本
（2）裝闊無助於培養夫妻感情
（3）借錢容易導致人際失和
（4）花大錢辦婚禮更容易離婚

——答案詳見P.111

Q 為什麼網路約會的人氣無法擋？
（1）夜店之類的場所過氣
（2）都市化之後欠缺人際介紹
（3）同志族群大力使用
（4）以上皆是

——答案詳見P.120

33 ——————— 為什麼異性戀伴侶
也越來越青睞民事結合？

2018年6月27日，蕊貝嘉・史坦菲德（Rebecca Steinfeld）
與查爾斯・凱登（Charles Keidan）志得意滿地步出英國最高
法院。法官判決，英國法律只讓同性戀進行民事結合，異性
戀卻不行，這是歧視行為。正當史坦菲德與凱登為勝訴慶祝
的同時，許多英國異性戀伴侶可能在納悶自己錯過了什麼。

民事結合在1980年代晚期與1990年代首先出現在歐洲，
是支持與反對同性婚姻雙方的一種妥協。這種制度提供同性
伴侶一種法定結合關係，可享有絕大多數的婚姻權利，但沒
有真正授予同志結婚權。許多同志權運動人士認為這是推諉
之舉，創造出一套本質遜於婚姻的制度，所以他們繼續追求
真正的同婚。

在2000年代，許多西方國家的輿論持續鬆動，倡議人
士的努力也開花結果，現在已經有二十七個國家允許同性婚
姻。就在這些國家合法化同性婚姻時，已經有民事結合法的
國家則各以不同方式因應這個課題。有些國家認為一旦人人
都能結婚，就沒必要再保留一種備受批評的妥協產物，所以
完全廢除了民事結合法，例如愛爾蘭與瑞典。

　　不過有七個歐洲國家、美國的幾個州以及澳洲，在同婚合法後仍允許民事結合。英國和芬蘭只有同性伴侶可以申請民事結合，法國與荷蘭則開放異性伴侶這麼做。這些民事結合關係涵蓋的權利在各地不同。英國的民事結合等於有實無名的婚姻，荷蘭的「登記伴侶制」也是。不過在法國，民事伴侶結合法（PACS）只給予婚姻的部分稅賦優惠與收養權，想解除關係也比較容易。

　　值得注意的是，民事結合在某些國家已經愈來愈受異性戀歡迎。從2012年到2016年，法國選擇簽民事伴侶契約的異性伴侶增加了20％，來到十八萬四千對，選擇結婚的夫妻則下跌8％，共有二十二萬五千對。

　　這種對民事伴侶關係的熱衷可能會讓同婚倡議人士感到困惑，因為他們向來認為這是不當待遇。但有很多原因促使伴侶偏好民事結合。在法國這類國家，民事結合讓伴侶能選擇一種比較寬鬆的承諾關係，他們能以這種關係永遠定下來，或當成是決定結婚前的嘗試期。其他人可能是基於個人或意識形態理由而偏好民事結合，即使該國的民事結合跟婚姻有完全同等權利也無妨。英國倡議團體「平等民事結合」（Equal Civil Partnerships）指出，有些人「想要免於社會對婚姻的期望、壓力和傳統」，並且偏好「一種更現代的法定結合形式」。

史坦菲德與凱登為了民事結合把英國政府告上法院，因
為他們認為婚姻是一種性別歧視與父權的制度：他們告訴記
者，婚姻是把女性視為財產的歷史遺緒。法院判決他倆獲
勝，但英國的民事結合法並未因此改變。不過該國政府在
2018年10月宣布，會將民事結合的權利開放給所有人。

⬡34 為什麼花大錢辦婚禮不是好主意？

　　結婚可不是便宜小事。各種數字顯示，在英國各地，一場典型婚禮的預算介於一萬八千到兩萬五千英鎊（兩萬三千到三萬兩千美元）之間，約莫中等收入家庭八到十一個月的可支配所得。英國王位繼承第六順位的哈利王子與美國演員梅根・馬克爾舉辦皇家婚禮時，租用了頂級奢華的活動廁所，根據婚禮規劃網站bridebook.co.uk估算的價格，典型婚禮的費用還不及那套廁所的一半。

　　然而，浮誇婚禮造就的可能只是一對緊張不安的新人。市調公司高見（Splendid Insights）在2017年針對全球一萬六千對新人做一份調查，結果發現，比起預算不寬裕的人，在大喜當日花費超過五十萬美元的人，更想在賓客面前炫耀自己，認為婚禮「反映出一定程度的成就非常重要」，是婚禮開銷低於一萬美元者的近五倍。

　　為了舉辦豪華婚禮，他們更仰賴他人的金援。在婚禮開銷最大的受訪群中，只有不到一半的人自掏腰包，反觀開銷最少的新人有六分之五這麼做。

　　奢華的婚禮也無法擔保長遠的幸福。美國埃默里大學（Emory University）兩名經濟學家在2015年發表過一篇論

文，發現在相同收入、教育與種族的已婚伴侶中，那些花大錢辦婚禮的人較有可能離婚，他們對付清婚禮債務的壓力也更大，即使家人已給予金援也一樣。哈利和梅根或許不必為錢煩惱，但其他想辦城堡婚禮的人聽到這個狀況，可能就想打退堂鼓了。

不論貧富，不離不棄
2017年全球婚禮調查

婚禮開銷，單位：千美元　■1–10　■11–30　■31–95　■96–500　■500+

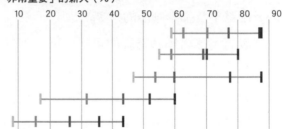

表示下列選項優先性「非常重要」的新人（％）

招呼賓客
看起來處於顛峰狀態
當個好主人
朋友說「沒參加過這麼棒的婚禮」
反映個人成就

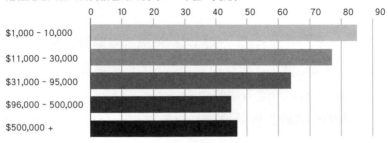

婚禮開銷與新人自掏腰包的比例（％，單位：美元）

$1,000 – 10,000
$11,000 – 30,000
$31,000 – 95,000
$96,000 – 500,000
$500,000 +

資料來源：高見公司

35 ───── 印度如何使同性戀除罪化？

　　同志權倡議人士已經在西方世界獲得一連串勝利，他們的戰場通常是同志婚姻，如今已獲得將近三十個國家認可。不過在印度這個全球最大的民主國家，情況就相差甚遠了。即使鮮少有人因這項罪名被起訴，同性戀在印度仍被視作犯罪行為。直到2013年，司法裁決仍判定同性戀有罪，無數印度人因此被視為重罪犯。但在2018年9月6日，印度的同性戀除罪了。究竟發生什麼事了呢？

　　印度過去視同性戀為犯罪，是源自《印度刑法典》第377條。這條十九世紀殖民時代遺留下來的法律，規定「不得與任何男性、女性或動物進行違反自然定律的性交」。這段話在過去可以（現在也依舊能）解讀成是禁止人獸交和亂倫，但也有人認為這指的是同性性行為和異性間的口交與肛交。以往印度的同性戀都活在受罰的陰影裡，任何有心人士都可以騷擾或勒索他們，印度同志也習於暗中運作他們的民間組織。

　　到了1990年代，刑法典377條才開始在法庭中受到挑戰。不過此事在司法體系中幾乎零進展，直到2009年才出現曙光：德里高等法院判決，用這條法律禁止成人間彼此合意

的關係是違憲的歧視。不過印度最高法院在2013年宣告這項判決無效，而且宣告所用的文字與理由之粗糙，很引人側目。這個無效判決是根據一項假設開始議論：進行這種法律禁止性行為的人屬於「微不足道的少數族群」（原判決文的英文是寫「miniscule」minority，正確拼寫應為minuscule），最高法院並表示只有立法機關有權決定這樣的少數族群是否為犯罪階級，並以此為由維持同性戀禁令。可惜的是，印度國會對同志權的支持極為薄弱。

所以同志除罪化的道路又繞回法院。就法律層面，想為同志除罪很簡單，只要再解釋377條提及的「自然定律」、使其涵蓋更多元的性行為即可，條文其他部分可以維持不變（後來也的確沒有修改）。

首先，這個案子必須交由高等法院更多法官一同審理，而不是只有做出2013年判決的那一群，因為自那時起，已陸續出現比較開明的審判結果，例如有些判例承認印度跨性別者的權利，也認可普世適用的隱私權。接下來，爭取除罪化運動設法召集了一群能言善道的原告。這群人似乎成功說服了最高法院的五名資深法官，公民因為性傾向而遭受歧視並不公平。結果是，高等法院法官開始輪番頌揚法律之前人人平等的原則，哀嘆印度同志長年遭受不公待遇。

印度政壇幾乎沒人反對這些法官的聲明。2018年7月，總理莫迪領導的保守派政府改變立場，不再反對刑法典377

條的再解釋。幾乎所有相關報導都從刑法典的英國起源寫起，而在後殖民社會裡，這是讓左右翼團結一致的不敗手法。最高法院的部分法官可能也想藉此擦亮自己開明自由的招牌，再著手其他更有爭議的課題，例如政府為混亂的全面身分認證系統所提出的訴狀，或是否允許印度教徒在被夷平的清真寺原址建立廟宇。

　　無論印度整體更複雜的國情如何、宣布377條違憲又是多麼表面工夫，同性戀除罪的結果仍然值得慶賀。在西方世界，普羅大眾對性少數族群的觀感已快速轉變。不久前的2004年，美國總統候選人還能靠反對同性婚姻競選成功。法律上的勝利曾經引導西方同志權走到今天，現在也可能加速印度展現更全面的平等。

—— **中文如何內建了性別刻板印象？**

語言中的性別偏見讓歐洲的語言學家很有得忙。2017年出版的一本法文文法書掀起一場論戰，因為書中引述了一條古舊的文法規則，認為字詞的陽性形優於陰性形。

西班牙也出現類似爭議，政壇人士已提議修改憲法、將指稱女性勞工的詞條納入其中（陽性的「勞工」已經寫入憲法，並且因為它的陽性地位而被用於指稱全體勞工）。德國的文法學者一直都在思索是否該更新德語字典，為字詞增加無性的新形式。

在中國幾乎聽不到這類論戰，不過廣獲70％中國人民使用的中文其實也有性別偏見。中文跟其他語言有同樣問題，例如女性上司通常會被特別指明是「女老闆」，男性卻只稱為老闆。中文跟某些歐洲語言不同之處在於：它的名詞沒有性別變化，不過它有另一種耳朵聽不出來的問題：有些漢字的寫法本身帶有對女性的負面刻板印象。

漢字由許多部首組成，而部首分為兩種：聲符暗示字音，形符暗示字義。例如「言」部是形符，是許多語言相關漢字的左偏旁，像是「語」、「詞」、「請」、「談」、「謝」等等。中文字典通常根據部首分類，這些字就會歸

類在一起。同理可證，「女」部可見於「媽」、「姊」、「姨」這些漢字。

不過「妒」、「嫌」、「奴」、「妖」、「姦」這些字也屬女部。女字旁也出現在比較正向的字裡，例如「好」與「安」，但就連這些字都含有刻板印象：「好」是一個女人帶著一個孩子的象形字；「安」代表一個屋裡的女人。女部據信是源於一名女子彎下腰、雙手交握的形象，反觀「男」字是由「田」和「力」組成。中文的文法也偏袒男性，尤其是字詞排序的方式，「父母」就把男性成員排在前頭，「兒女」也是。最諷刺的是，如同一位語言學家指出的，就連「男女平等」也把男生排在女生前面。

不過中文還是有進步的可能。2015年，有一位策展人使用代表非法性行為的「姦」（表示一男多女）字，為一場探討女性受暴的展覽命名。一年後，一群女性字型設計師出版了一本書，發表她們新創的漢字。其中一人把「走」和「女」結合起來，代表女人也能走出家庭扮演其他角色。只不過，廢除既存的漢字還是比創造新字困難得多。中國的書寫系統是一種國家榮耀，即使漢字難寫，中國人仍堅持不懈。而這表示任何人只要勤學中國字，也會習得字詞裡內建的刻板印象。

37　美國人或英國皇室成員，　　　誰生小孩比較貴？

　　英國皇室凡有新成員誕生總會大肆宣揚，劍橋公爵夫人的三子在2018年4月23日出生時也不例外，當時引來大批記者在聖瑪麗醫院林都院區（Lindo Wing，St Mary' s Hospital）外守候；這間倫敦的高級私人婦科醫院已多次獲得英國皇室青睞，也備有完整的酒單以供喜獲麟兒的雙親慶祝。

　　然而接生這個英國王位繼承第五順位的小王子所需花費，可能比美國嬰兒出生的平均費用還略遜一籌。2015年，入住林都院區高級產房二十四小時、進行自然分娩的費用是五千六百七十英鎊（八千九百美元）。國際醫療計畫聯合會（International Federation of Health Plans）同一年做的調查發現，在美國進行同樣的分娩，平均費用是一萬八百零八美元。根據專門提供健康照護數據的楚文健康分析公司（Truven Health Analytics），若計入孕期前後所需的照護，會增加到大約三萬美元。保險公司負擔大部分的費用，但雙親仍得自付平均約三千美元的帳單。反觀在許多歐洲國家，雙親可以獲得免費的婦產照護。

千金貴子

在民營醫院進行一般分娩的平均費用，2015年或最晚近所得的數據。單位：千美元

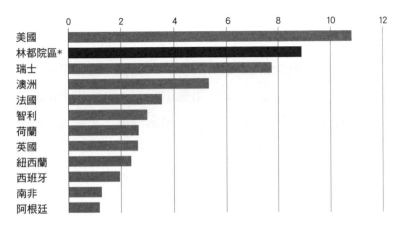

資料來源：國際醫療計畫聯合會；聖瑪麗醫院
*倫敦英國聖瑪麗醫院的高級產房套裝服務

38 —— 為什麼網路約會的人氣無法擋？

　　在人類歷史的絕大部分時間裡，人生伴侶的選擇都受限於階級、所在地和父母之命。這些限制在十九與二十世紀減弱了，至少在西方世界如此。有了單車以後，年輕人的擇偶選項大增，住在城市裡也有助益。不過擺脫小村莊之後得面對新的難題：要怎麼釐清對方有沒有交往興趣、誰又有發展可能，遑論他們也未必知道你有興趣。

　　1995年，網景公司（Netscape）推出首個廣獲使用的網路瀏覽器。不到一年後，一個叫做match.com的網站就開始幫人解決交往問題。有鑑於這種科技是在舊金山灣區發展出來的，網路約會首先在男同志與科技宅之間風行起來也是很自然的。後來網路約會很快普及，對那些剛結束長期關係、需要門路重回約會世界的人又特別有用。

　　到了2010年，有將近70％的同性交往始於線上；比起教堂、鄰里、課堂與辦公室，美國的異性戀更有可能在網路上與伴侶相遇，民眾在線上交往已是尋常事。時至今日，有大約六分之一的伴侶是透過約會網站或應用程式初次相識、步入結婚禮堂。全球至少有兩億人每月使用數位約會。美國已有超過三分之一的婚姻來自線上配對。網路是美國人第二熱

門的異性交友管道，正快速逼近真實世界裡「朋友的朋友」介紹方式。

　　研究發現，在網上相識結婚的人，婚姻可能更持久；這些伴侶宣稱比在現實世界相遇的人更幸福。至於網路交往是否使人比較不忠？相關證據非常稀少。美國的離婚率在網路問世前不斷攀升，網路問世後開始下跌。上網約會讓人選擇大增，也打破障礙：證據顯示，網路能繞過同質性的社會群體，促成更多跨種族婚姻。

交友市場
美國伴侶相遇方式（％）

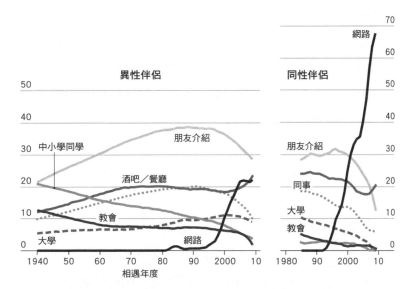

資料來源：〈尋找伴侶：網路做為社交媒介的上漲趨勢〉（Searching for a mate: the rise of the internet as a social intermediary），M. J. Rosenfeld and R. J. Thomas，《美國社會學評論》，2012

39 擁有汽車或電視 表示性生活更活躍嗎？

「如果你準備好走上那條路，從你的前廊走到我的前座，我的車就在屋後：車門開著，但這不是免費便車。」任何人只要聽過布魯斯‧史普林斯汀（Bruce Springsteen）這首歌，一定很熟悉「常開車四處晃的人性生活也很活躍」這種想法。德拉瓦大學（University of Delaware）的艾德莉安‧盧卡斯（Adrienne Lucas）與里德學院（Reed College）的尼可拉斯‧威爾森（Nicholas Wilson）是兩位經濟學家，他們發表的一篇論文為車與性事的關聯提出實徵證據。

他們針對八十個開發中國家的三百二十萬名女性與六十四萬名男性進行家庭生育率調查，據此檢視哪些耐用消費品跟較高的「性趣」有關係。因為這些資料是在1986年到2016年間採集自大範圍地區，所以作者分析時必須控制調查的時間與地點。他們也納入了受訪者的年齡、教育、居住地人口密度、婚姻狀態、性行為衛教知識，以及擁有的耐久商品總數（代表財富狀況）。

受訪者中有9％的人擁有一輛車、15％擁有一輛摩托車，而將所有其他因素設為常數後，這些人顯然比較「性致高昂」。在各個條件相同的人口族群中，比起生命中缺乏車

輪和噴油器的人，駕駛汽機車的男女在受訪前一週有幸與人溫存的比率高出5％。原因何在？汽機車是昂貴的物品，要說擁有它們和性愛有什麼關聯，只不過是顯示有錢的人性慾也比較強。然而，冰箱、電視與「改良」地板（用泥土以外的材質鋪設）也不便宜，卻普遍與較不活躍的性行為相關。

這項研究發現的各種效應都相當小，但因為研究樣本量很龐大，對擁有冰箱與電視的女性和擁有改良地板的男性來說，他們性生活較不活躍的數值在統計上就拔高許多，不太可能是隨機巧合。同理可證，擁有汽機車的男女性生活較活躍也是事實。

盧卡斯提出一些假設，或許能說明這些關聯。汽機車讓人更容易在城市裡找到情人，或更準時回家。為買冰箱而省錢的女性，或是為翻新地板儲蓄的男性，可能更善於延遲滿足（或是忙到沒有休閒時間了）。電視之所以會抑制女性的性慾，也許是因為看電視改變了她們對性愛的態度，正如同其他開發中國家的調查所示。又或許，她們不過是發現了一種比性愛更有趣的休閒活動。

「性」致勃勃

擁有耐久消費品的民眾在受訪前一週發生性行為的可能性變化（％）；受訪者為來自80國的320萬名女性與64萬名男性，1986～2016年

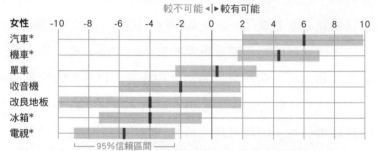

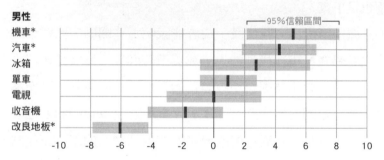

資料來源：〈是電視害你沒有性生活嗎？〉（Does television kill your sex life?），A. Lucas and N. Wilson，美國國家經濟研究局，2018
*有統計顯著性

40 ───── 年輕男性對性騷擾的定義出現怎樣變化？

2017年最末幾個月，不論在職場或其他領域都湧現一波前所未有的性騷擾指控潮。受害者藉由#MeToo運動公開自己遭到性侵的經驗，多名位高權重的男性中箭落馬，好萊塢電影大亨哈維・溫斯坦（Harvey Weinstein）就是第一個。許多名人，例如家喻戶曉的喜劇演員路易・C・K（Louis C.K.）和演員凱文・史貝西（Kevin Spacey）都被迫離開舞台，至少暫時如此。

隨著#MeToo運動興起，女性承受的不當對待該如何定義，是否也出現變化？2017年10月，《經濟學人》委託輿觀民調中心訪問四個西方國家超過六千八百位民眾，想了解他們對性騷擾與不當行為的態度。輿觀在一年後重複同樣調查，以了解民眾觀感是否有變。有些人的回答確實出現變化，但可能不是你以為的那樣。

其中特別值得注意的是年輕男性，他們對待女性的舉止並未更尊重，反倒是更接受不當行為，這在英國與美國尤其明顯。例如，三十歲以下男性認為向女性露鳥是性騷擾的比例，在英國從97％降為79％，在美國從91％降為78％。輿觀的資料顯示，年輕男性認為開黃腔和吃豆腐屬於性騷擾的比

例也同樣降低了。僅僅過了一年，英國18～29歲男性覺得前述行為是性騷擾的整體比例就降低了14個百分點。

其他受訪者的態度則沒有那麼大的波動。在英國、法國和德國，六十五歲或以上男性的想法幾乎沒有改變。兩次調查顯示，女性對於界線該如何劃定的想法也幾乎沒變；整體而言，她們認為那些行為是性騷擾的平均比例只減少2個百分點。#MeToo運動成功引起很多關注。不過對男性來說，不論有心或無意，要停止踰矩的表現都還有很長一段路要走。

與狼共舞

「在不是情侶、性伴侶或朋友的情況下，你認為男性對女性做出下列哪些舉動是性騷擾？」
依年齡層*與性別而分，回答「這是性騷擾」的％[†]

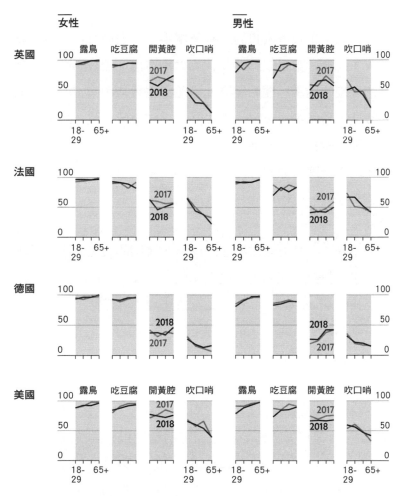

資料來源：輿觀、《經濟學人》
*18-29歲，30-44歲，45-64歲，65歲或以上
[†]訪調時間為2017年10-11月和2018年10-11月

為什麼美國的墮胎數
來到歷史新低點？

美國文化戰爭掀起的所有爭議中，一向最意見分歧的就是人工流產。雷根在1980年代表共和黨出征總統選戰時，就曾想用反墮胎議題團結美國北方的天主教徒和南方的福音派新教徒。他當選後，民主黨以其人之道還擊，成為大力支持人工流產選擇權的政黨。多年來，主張生命權與支持流產自主權的雙方陣營激烈交鋒，甚至出現暴力行為，例如死亡威脅和火焰彈，也出現過殺害人工流產診所醫生與員工的些許案例。

不過，在雙方激辯不休的同時，美國的人工流產數其實減少了。根據美國疾病管制與預防中心（Centres for Disease Control and Prevention，CDC）近來發表的數據，2006年有八十四萬兩千八百五十五起墮胎案例，即每千名婦女有15.9例；在2015年只有六十三萬八千一百六十九例，每千名婦女有11.8例。

自從美國最高法院在1973年《羅伊訴韋德案》（Roe v. Wade）中宣判墮胎是受憲法保障的權利以來，美國現今的墮胎案例數已經降到史上最低點。墮胎率降低的現象可見於所有年齡層，在青少年族群中尤為明顯。從2006～2015年，

十五～十九歲青少女的墮胎數少了超過一半。這份報告也顯示，在孕期中做墮胎手術的時間點提早了，因此也更加安全。在妊娠最初六週進行人工流產的比率上升了11％。

這些數據出現變化的原因令人充滿希望。如同在全球各已開發國家出現的現象，因為避孕工具普及，美國的意外懷孕案例數下跌，尤其在年輕族群之間。然而其中也有值得擔憂之處。與許多富裕國家不同的是，美國對人工流產加諸法規限制，導致手術較難進行也不安全，還更昂貴。

在2010～2016年間，美國有三十二州頒布了三百三十八條這類法規。密蘇里州曾經頒布一套法規，可能導致該州所有人工流產診所被迫關閉，只剩一間能繼續營運。一個下級法院擋下這套法規，不過該判決在2018年9月又被聯邦第八巡迴上訴法院的三名法官推翻。2018年12月，俄亥俄州眾議院通過了全美國最嚴格的墮胎法案，一旦胎兒的心跳可被偵測到就禁止墮胎（胎兒可早在孕期第六週就有心跳，而此時大多數婦女還不知道自己已經懷孕）。這個墮胎法案規定，流產手術必須在醫療緊急狀況下或必須藉此挽救婦女性命時才能進行，強暴或亂倫致孕也不例外。

對墮胎權運動人士來說，美國疾管中心這份報告的問世時間令人憂心，因為保守派立法人士愈來愈大力推行全面禁止墮胎的法案。除此之外，運動人士也擔憂川普總統提名的最高法院大法官尼爾‧戈薩奇（Neil Gorsuch）與布雷特‧卡

瓦諾（Brett Kavanaugh）會幫忙推翻《羅伊訴韋德案》的判決，使各州立法機構得以祭出嚴格的墮胎法，不至於被烙上違憲印記。

目前美國已經有四州（路易斯安納、密西西比、北達科塔、南達科塔）備有所謂的限制墮胎「扳機法」（trigger law）：儘管這些法案在現行規範下無法執行，不過一旦《羅伊訴韋德案》被推翻，人工流產就可能立刻成為違法行為。這場論戰目前看來不會很快結束。

42　為什麼非洲的童婚傳統持續不絕？

　　尼日每四個女孩裡有三人會在十八歲以前結婚，使得這個貧窮的西非國家成為全球童婚率最高的國家。世界銀行表示，近年來只有極少數國家的童婚率不見減低，尼日就是其中之一，而且比率還略微上揚。該國女性的法定最低結婚年齡是十五歲，但有些新娘的年紀小至九歲。

　　童婚在非洲各地都是一項頑強延續的傳統。現在全球在十八歲前結婚的7億名女性中，有1.25億是非洲人。自1990年以來，鄉村貧困家庭的童婚率就沒再變動過。聯合國兒童基金會（UNICEF）估計，如果現行趨勢持續下去，到2050年，全球有將近一半的兒童新娘會是非洲人。

　　不過有些國家證明了他們能防止小女孩步入婚姻。衣索比亞的童婚率曾高居非洲前五名，這十年間已減少了三分之一──世界銀行表示這是全世界最大跌幅。該國政府想在2025年以前完全根除童婚。

　　教育至關重要。一名衣索比亞的聯合國兒童基金會專家指出：「在學校裡通常不會看到童婚新娘。」教育支出在衣索比亞政府預算占比是所有非洲國家中最高的。超過三分之一的衣索比亞女童註冊就讀中學，這個比例在尼日不到五分之一。

老牛吃嫩草

2017年，18歲前已婚女性所占比率（％），依年齡群劃分

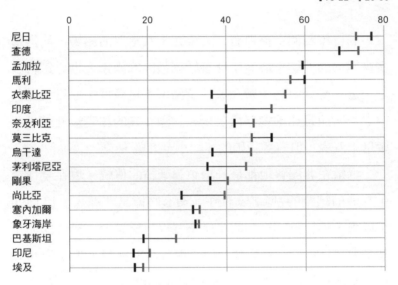

■ 18-22 ■ 23-30

資料來源：世界銀行；國際女性研究中心（International Centre for Research on Women）

PART FIVE

職場爭霸：
各國行業的工作環境

Q 為什麼人們的退休年齡越來越晚？

　　（1）退休金不夠離職後過活

　　（2）大家越來越喜歡工作

　　（3）政府付不出退休金

　　（4）怕退休後沒有健康保障

──答案詳見P.134

Q 哪個行業的平均英語程度最好？

　　（1）航空業

　　（2）傳媒業

　　（3）金融業

　　（4）旅遊業

──答案詳見P.147

**為什麼人們的退休年齡
越來越晚？**

　　將多年辛勞化為頤養天年的黃金退休生涯，如今是越來
越晚開始了。當1980年代中期，六十五～六十九歲的美國男
性有25％仍在工作；到了現代，比率升高至40％。放低年齡
來看也有同樣的趨勢，1994年六十～六十四歲的美國男性有
53％仍在工作，如今則是63％。美國女性的退休年齡同樣推
遲，相同狀況也發生在日本與部分西歐國家。

　　由於抱恙的工作者容易提早退休，許多人把現代勞動力
年齡變大的理由歸因於健康提升。自1980年起，美國六十多
歲男性的死亡率下降40％，女性則下降30％。教育和職業
選擇也有影響。在多半經濟富裕的經合組織（OECD）成員
國之中，五十五～六十四歲且具有大學學歷者的比率，過去
三十年逐漸增加，而教育程度高、做白領工作的人，傾向工
作到較大的年齡。循著相似的脈絡，現代的工作通常不像往
昔那般考驗體能，讓人們在年歲漸長時仍堪適任原工作，也
存在另謀新職的可能性。

　　不過，衛斯理學院的經濟學家寇特妮・科爾（Courtney
Coile），認為上述因素並不是造就「銀髮工作族」的主要動
力。過去數十年之間，許多國家與公司都開始調整支付退休

年金的細則。大約有半數在私營企業工作的人，加入了由雇主補助的退休計畫。在1980年代，這些退休計畫有三分之一是「確定給付制」（defined benefit），企業會根據年資、年齡和過往收益支付定額的退休金。

不過到了現代，確定給付制多半被「確定提撥制」（defined contribution）取代，這種制度是由員工自薪資中提撥一部分至退休基金內。確定提撥制的總金額通常低於確定給付制（因此較受雇主青睞），所以員工沒辦法太早退休，必須依靠延長工作年份來增加退休金。研究發現，隨著確定提撥制的普及，退休年齡的中位數增加了五個月。

社會保障與傷殘保險的削減同樣也有影響。自1990年代以來，包括義大利、德國、日本等國家都提高了可請領退休金的最低退休年齡，這些國家的高齡就業人口比率齊步上揚，彼此相距只有一、兩年之差。

最後一個因素是女性就業人口的提升，在十二個已開發國家之中，相較於1995年，現在的職業婦女人數比當時多了44％。基於已婚伴侶通常會選擇在同一時間退休，這種「丈夫延後退休以配合勤奮工作的妻子」的狀況，也會造成顯著影響。例如在加拿大，這個因素可以用來解釋半數已婚、五十五～六十四歲男子在勞動力參與率的轉變。

退休年齡延後其實是一個好消息。所謂「工作總量謬誤」（lump of labour fallacy）是指年長員工佔據能夠讓給年

輕員工的職位，威脅到經濟發展；同樣的論述也曾用來排除女性進入職場。但實際上，許多勞動年齡變長的國家，經濟成長相當快速，因為年長員工用薪水去購買由其他員工生產的物品和服務。正如瑞典勞動市場及教育政策評估所（Institute for Evaluation of Labour Market and Education Policy）的莉莎·勞恩（Lisa Laun）指出，一旦勞工數量增加，無論他們的年紀高低，稅收和提撥的退休預備金都會增加，這代表大家可以拿到的餅都變大了。

44 ──────為什麼男性護理師很少？

　　如果你請教任何國家的健康專家，問他們該國醫護系統最大的問題是什麼，其中一個最普遍的答案是護理師短缺。高齡化富裕國家對照護的需求，日益難以滿足，例如英國健保機構就有高達約四萬名護理師缺額；貧窮國家則有護理師外流的問題。大家似乎都忽略了一個明顯的解方：招聘更多男性。一般來說，各國的護理師僅有5～10％是男性。為什麼這麼少？

　　「護士是女人的工作」這種觀念根深蒂固。在1860年代奠定近代護理原則的佛蘿倫絲‧南丁格爾（Florence Nightingale）曾堅持，「男人堅硬粗糙的雙手，不適合觸碰、清潔和照護受到創傷的肢體」。而在英國，皇家護理學院（Royal College of Nursing）這個具有工會性質的組織，在1960年之前甚至不允許男性加入。有些美國護理學校直到1982年才允許男性入學，這還是因為大法官最終裁定強迫它們開放申請。

　　對護理師使用如sister（原意姊妹，此處指護理師）和matron（原意婦女，此處指護理長）這樣帶有女性字義的敬稱，當然也沒有幫助。毫不意外，有些年長人士甚至不知道

男性也可以擔任護理師。男性護理師面對病患時，常常會被誤認為醫師。

另一個問題在於，大家心目中所認定的護理師工作內容，多半已是過時資訊，卻可能導致男性不樂意加入此類職場。在影劇裡，護理師通常被描繪為男性醫師主角的得力助手，但在現實中，護理師大半工作需要獨立作業，而且是應對危急病患的第一線人員。

為了破除上述迷思，護理師召募宣傳如今著重於它是一份專業工作，存在職涯規劃，例如往麻醉科、心臟科、急救科等專科方向發展，並且需要科技、創新和領導等能力。不過，要吸引男性入職卻不落入性別刻板印象，確實不太容易。美國某次宣傳的標語「你的男子氣概足夠去當護理師嗎？」，自然引發了爭議。

護理師並不是男孩們嚮往或被鼓勵加入的行業。只有40％英國父母表示，如果他們的兒子擔任護理師會覺得驕傲。基於上述因素，男性護理師進入職場的理由，通常是因為已經熟悉這個領域——有些人是由於追隨護理師母親的腳步；有些人則是因為曾經見過男性護理師照顧他們的親屬，認為自己適合這個職業；也有些人是因為在醫院體驗過男性護理師照護。

儘管許多照護類工作既有的男女刻板印象都已經被打破，但在護理師這一塊，男女比率的鴻溝尚未弭平。

45 ——— 性別配額對企業有利嗎？

　　加州在2018年9月立法通過，要求凡是總部設在該州的上市公司，其董事會在2019年底時至少要有一名女性成員，讓加州即將成為美國第一個在董事會階層強制要求性別多樣性的州；到了2021年，女性比例更是必須達到40％。

　　其中一位連署法案的參議員哈娜─貝絲・傑克森（Hannah-Beth Jackson）說：「這不只是一件正確之舉，同時也有助於公司營利。」不過有些企業領導人並不認同。他們的憂慮有道理嗎？

　　挪威是這個路線的先鋒。從2008年起，挪威便要求上市公司的董事會成員至少要有40％為女性，否則就要面臨解散。之後的五年，陸續有十多個國家（多半在西歐）跟進相近的性別額度要求。比利時、法國和義大利的公司若未達額度，可被罰款、面臨解散或禁止支付董事薪資；德國、西班牙和荷蘭的公司，達到額度者可享優惠待遇，但未達額度者也沒有懲罰；英國政府則是提出指導方針，並且公布未達額度的公司以示指摘。有些國家自2007年以來，大公司的女性董事比率已經成長了四、五倍。

目前加州有將近三分之二上市公司的女性董事人數不到兩人。反對性別配額法案的人表示，女性董事稀少反映出高階管理層的女性人數較少，他們警告性別配額制將會導致董事會塞入缺乏經驗、只有樣板價值的女性。其他人則擔心那些資歷優秀的女性數量太少，未來她們得身兼多個董事會職務（暱稱為「金裙子」一族），忙到暈頭轉向。

　　不過，這些憂慮在歐洲從來沒有成真過。歐洲大型上市公司「金褲子」的比率幾乎一樣普遍——15％男性董事參與了三個以上董事會，女性董事則有19％如此。至於擔心配額制將導致聘雇不適任的女性董事，這種說法也缺乏根據。義大利的性別配額要求為33％，一項研究顯示相較於配額制實施之前，大型公司的女性董事如今在學歷和資歷上通常都比前任董事更好；挪威的40％額度要求也呈現出相似結果。但是在其他國家，狀況就好壞參半了，配額制實施後確實可能傾向聘雇年輕、缺乏經驗的女性董事，某些國家甚至會找上非本國籍的女性董事。

　　上述這些考量，對公司的表現有任何影響嗎？有些速覽式的短期研究，呈現出女性成員較多的董事會交出較亮眼的公司利潤，也比較不會陷入詐欺或股權爭奪戰，但其中的因果關係難以證明。調查性別配額制實施前後的公司表現差異，也無法做出定論，有些公司表現變好，當然也有些變差。一項義大利研究顯示，在配額制實施之後，當女性董事

被遴選時會使股價揚升，但後續並不會對公司表現的七個指標造成影響，其中包括獲利、產量、負債和資產收益率。

為什麼女性董事成員增加不見得總是能造成差異？一項法國研究提供了線索，它的結論是，新設立的性別配額制雖然改變了董事會決策的方式，卻沒有改變決策的本質。這項研究也指出，決策過程沒有變化的理由，不只是因為新成員是女性，也因為她們是局外人。

或許現在要評判性別配額制的好壞還為時過早，不過如果歐洲的經驗值得參考，那麼「加州這項新法案將會大幅提昇或減損企業的表現」的說法，其實都只是在誇大其詞。

為什麼收入比妻子少的男人會謊報收入？

「拿出男子氣概」（Manning up）一般是用來指稱面對苦難仍堅忍不拔，不過當男人的收入低於妻子時，確實常有某種氣概會冒出來：對調查者高報自己的實際收入。這個令人訝異的現象來自美國普查局的調查，他們比對過去十年自行申報的收入與實際報稅單之間的差異，發現當夫妻各自的收入存在落差時，男性會高報2.9%的實際收入，女性則會低報1.5%。

女性收入高於丈夫的比率，自1980年代快速提升。1987年時，大約有18%的雙薪家庭是女性收入較高；到了2010年，數字揚升至接近30%。這或許是因為現代女性比男性更容易取得大學文憑，以及2008年經濟大衰退期間加上製造業工作減少，兩個因素合一格外打擊到男性的就業率。

收入高於丈夫的女性至今仍遭受虐待。芝加哥大學的瑪莉安·貝傳（Marianne Bertrand）與艾瑞克·卡曼尼加（Eric Kamenica）研究發現，這樣的夫妻關係比較容易導致離婚。他們同時也揭露，當女性收入高於丈夫時，她們分擔的家務反而變多。另一項出自康乃爾大學的研究則指出，收入低於妻子的男性較容易不忠（同樣的狀況也在收入遠高於妻子的

男性發生）。

　為什麼會發生這種反潮流的現象呢？根據高收入女性卻做更多家務、低報收入的狀況，這種現象或許可歸因於社會壓力導致的性別傳統印象：「男性理當擔起養家餬口之責」這樣的觀念仍深植眾人心中，一旦男性無法實踐那種角色，便會損傷他們的自尊與社會地位，也可能導致女性不再尊敬他們。

　不過，這種現象慢慢開始轉變了。一項研究顯示，在1990年代以後結婚的伴侶，妻子收入較高並不會影響離婚的機率。哈佛大學的研究也發現，如果妻子認為收入較低的丈夫有分擔足夠份量的家務，夫妻都更容易表示婚姻生活幸福美滿。這或許為「拿出男子氣概」這個說法下了一個新定義。

維持門面
美國

妻子收入比丈夫高的比率（％）

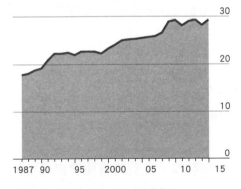

當妻子收入較高時，自稱收入與實際收入的差異
2003-13

丈夫會高報收入　+2.9%

妻子會低報收入　-1.5%

資料來源：美國勞工統計局；美國普查局

47 ————————— **各國女性在生產後的收入
降低額度是多少？**

　　德國人把忙於工作不回家、鮮少照顧兒女的女性，蔑稱
為「烏鴉媽媽」（Rabenmütter）。至於那些完全反其道而
行，有如母雞嚴格守衛雞蛋般溺愛寶貝的女性，則被稱為
「母雞媽媽」（Gluckenmutter），這自然也不算是一句好
話。不管母親怎麼做，似乎都會被怪罪。

　　此外，產後女性也都要面臨收入降低的問題。這主要是
因為母親們會減少工作時數，或是轉行去收入較低但能兼顧
撫養兒女的工作，甚至在小孩年幼期間暫時脫離職場。一份
出自經濟政策研究中心跨國研究小組的智庫學術論文，試著
衡量其中的影響。它把「母職懲罰」（motherhood penalty）
定義為女性產前一年與產後的收入差異（有納入完全脫離職
場者）。在進行調查的六個國家之中，全都有母職懲罰的現
象，但各國的收入差異有極大不同。

　　收入差異最大的是德國，典型母親在生產後的第十年收
入，會比沒生產的狀況下減少61％。奧地利的差異也不小，
達51％；美國和英國稍微小一點，大約40％；收入差異最少
的是瑞典（27％）和丹麥（21％）。至於男性在當上爸爸之
後，收入多半不受影響。研究發現，受到母職懲罰最嚴重的

經
濟
學
人
1
0
7
個
全
球
搜
密

母親們，通常她們在年幼期間也是由離開職場的媽媽養大，於是她們長大後便效法自己媽媽，留在家裡養兒育女。

公共政策也會造成影響。瑞典要求公司提供十二個月由雙親共享的育嬰假，其中的三個月專屬父親，未申請則視為放棄。這或許是瑞典男性在當上爸爸之後收入小幅降低的原因，因為他們比美國和德國男性放了更多育嬰假。不過在休完這三個月假期之後，瑞典男性多半選擇返回工作崗位，讓老婆處理尿布和紅蘿蔔泥副食品。

母職懲罰最嚴重的國家，會有比較多受訪者回答「女性應該要待在家裡養兒育女」，推測那些國家的女性也比較傾向那麼做。根據目前的變化比率，世界經濟論壇估計要再過兩百零二年，男女在職場的薪水才能達到平等。

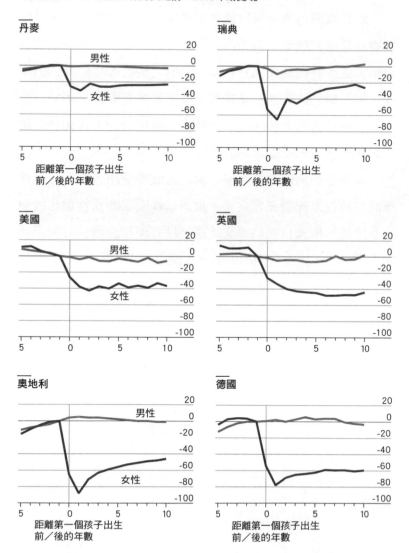

育嬰負擔

收入差異（%）相較於有兒女之前，2015年或更晚

丹麥

男性
女性

5　　0　　5　　10
距離第一個孩子出生
前／後的年數

瑞典

5　　0　　5　　10
距離第一個孩子出生
前／後的年數

美國

男性
女性

5　　0　　5　　10

英國

5　　0　　5　　10

奧地利

男性
女性

5　　0　　5　　10
距離第一個孩子出生
前／後的年數

德國

5　　0　　5　　10
距離第一個孩子出生
前／後的年數

資料來源：〈各國的育嬰懲罰：證據與解釋〉（Child penalties across countries: evidence and explanations），作者H. Kleven, C. Landais, J. Posch, A. Steinhauer and J. Zweimüller，經濟政策研究中心（CEPR），2019。

經濟學人107個全球搜密

英語熟練程度
如何因為行業而異？

　　對於母語不是英語的人來說，他們常被灌輸「英語學得好，入行過得好」的觀念。過去這種需求僅限於那些追求成功、周遊各國的高階職業，但如今熟稔英文這個萬國通用語言，已經是許多行業的必備條件。不過在把英文當成第二語言的人們之中，也會隨著國家和行業差異而顯現出不同的熟練度。

　　英孚教育（EF Education First）語言學校試圖衡量其中的差異，它根據橫跨八十八個國家、母語不是英語並使用該校測驗軟體的一百三十萬人，設定出「英孚英語熟練指標」。這個指標會把受試者的閱讀與聽力成績平均，並以百分制的方式核定受試者的英語能力。

　　在2016～2018年之間，根據英孚英語熟練指標數字，受試者的英語能力僅小幅上升，但各產業的熟練程度差異卻很驚人。分數最高的行業（媒體、金融）與最低（零售、航空）之間，足足差了十分。

　　在大多數行業，英語能力的有無並不會攸關生死大局，但航空業並不適用這種說法。儘管如此，飛行員的英語能力在十個航空業職務分類之中只排在第七位，平均分數比位居

首席的行銷人員低了二點五分；空服員的分數最差，航管員又比航機工程師好一點。

　　飛行員的英語能力不佳怎麼會一直沒被重視？國際民用航空組織試圖推廣「航空英語」（aviation English）這種使用特定字句和通訊規則的標準化語言，希望能藉此減少溝通落差與事故。但至今航空英語並沒有被制定為公認的官方標準，飛行員也不須強制受測。1996年兩架飛機在印度德里附近的空中發生對撞，事故原因正是其中一位母語非英語的飛行員，無法理解塔台指示的飛行高度。

語言落差
產業別英語熟練指標分數*（最高100分），2018

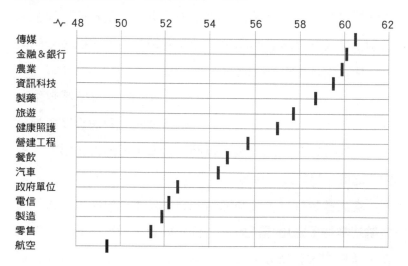

資料來源：英孚英語熟練指標
*根據橫跨88國的130萬筆測驗分數

各國教師的工作時數差異是多少？

　　很少人執教是為了發財，因為在大多數的國家，教師收入比起其他產業相近學歷者來得少。這個狀況有許多解釋的方法，例如工作穩定、上班時間適合父母、退休金優渥。另一個可能的原因是工作負荷量：最後一堂課通常在下午結束，而且教師享有跟學生同樣的長假。不過，教師在課堂以外也得勞神費力，必須備課、批改作業、聆聽固執家長們的長篇意見等等。

　　瓦基基金會（Varkey Foundation）是一個關注提高教師地位的教育慈善基金會，在他們所做的一項橫跨三十五國調查中，發現三萬五千名受訪者平均估計教師每週的工作時數是三十九小時，但五千五百位受訪教師認為自己的平均工時是四十三小時。

　　儘管大眾低估了教師的工作負荷量，他們依然普遍認為教師的薪資過低。在受訪的三十五國之中，有二十八國認為教師未獲合理薪酬，受訪者平均認為教師薪資應比目前的實際收入再多31%。不過這樣回覆的人，並不是全都願意透過加稅來促成提高教師薪資。許多家長也不喜歡增加班級人數的建議，儘管這麼做也有助於提高教師薪資。

教職值多少？

全球教師地位指數，2018

教師每週的工作時數

▌大眾的認知
▌教師的自述

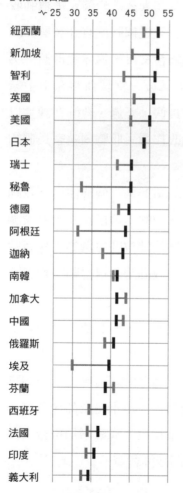

中學教師起薪，單位：千元*

大眾的　▌估計　▌認同的合理薪資
▌實際

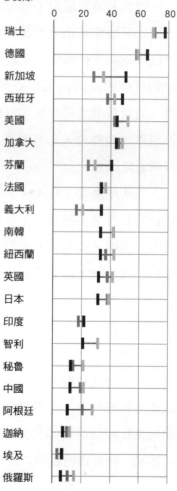

資料來源：全球教師地位指數，2018

*經購買力平準調整

150

⬡50 ──── 為什麼有些國家的工作時間 比其他國家長？

　　個人總工時下降是經濟榮景中鮮少被歌頌的好處。在十九世紀末期，工業化經濟中的工人僅能以勞動換取薪酬。1870年的全職工作，通常意味著每週六十～七十小時的工作時間，相當於每年超過三千小時。到了二十世紀，收入增長伴隨著每週工時穩定下降，在1970年時降至四十小時。儘管這種變化不如薪資提高或生活品質提升來得顯著，對勞動階級來說，這仍是一份每年可騰出上千小時自由時間的恩賜。

　　工作時數並不容易衡量，但根據眾多優質研究顯示，這種「工時下降」的恩賜近年來已不再如此慷慨，至少在某些國家如此。例如過去幾十年法國和德國的個人總工時持續下降，雖然最近的下降程度趨緩。在德國，大型工會之一在2018年順利談成每週二十八小時工時的協議，其會員每年總工時將低於一千四百小時。美國和英國的工作時數降低程度就沒那麼多了，這兩個國家的工作時數在2000年代還增加。

　　為什麼工作時間的差異會這麼大？有些分析把焦點放在文化上，像是熱愛休閒的歐洲人，總工時自然不如秉持清教主義的美國人和奮鬥向上的南韓人。但這種解釋不盡周全，例如義大利人和希臘人的總工時，就比大眾認知中似乎更勤

奮的北方鄰國來得長。

　　經濟學家通常認為，人們之所以選擇工作時間長或短，是基於「取代性」和「收入」兩者的競逐。可以提高收入的因素（例如邊際稅率減免或薪資增加），會讓工作一小時的利益更豐厚，使人們選擇去工作而不是休閒。不過，當人們富裕起來，又會傾向消費更多自身喜好的事物，休閒時間也是其中之一，所以提高薪資、讓工作帶來的金錢回報更有效率時，也有可能造成工時下降。

打卡上班
員工年度總工時（單位：千小時）

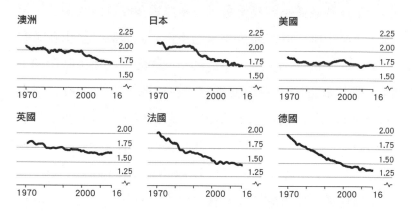

資料來源：〈經合組織國家的總工時：景氣循環的新量測標準與涵義〉（Aggregate hours worked in OECD countries: new measurement and implications for business cycles），L. Ohanian and A. Raffo，《貨幣經濟學雜誌》（Journal of Monetary Economics）

為什麼日本現在接受更多的外籍工作者？

51

外籍收銀員和外籍照護員在日本已是生活常態，尤其是都會地區。近年日本的外籍工作人數快速增長，已來到一百三十萬人，相當於2％的工作人口。儘管理論上日本在評估定居簽證申請時以「高技術勞工」為主，實務上技術水準較低的人員，仍可能透過學生、實習生、日裔移民等方式獲准居留。2018年6月，日本政府宣佈將創設「特定技能簽證」，目標在2025年時為農業、營建、飯店、護理、造船業引進五十萬名新勞動人口。

日本向來對開放外籍人口小心翼翼，它是人口構成最單一的富裕國家之一，住民僅有2％為外籍人士，相較之下南韓是4％、法國是16％。日本這樣的態度有許多理由，從害怕外來者將造成犯罪率升高、破壞社會風俗，到擔心日本人無法與新住民順利對話。但是日本的人口不只高齡化且正衰減，為了彌補工作年齡人口數下滑所造成的勞動力缺口，政府以鼓勵女性和銀髮族就業、發展機器人和人工智慧等政策因應，不過這些措施顯然仍不足以解決問題。

企業也希望引進外籍員工，藉此保持競爭力、促進組織全球化，而來自商界的壓力是政府政策轉向的關鍵因素。過

去二十年，日本三十歲以下的就業人口減少了四分之一。銀髮族增加也帶來了新的工作機會，照護產業更是顯著增長，但整體薪水偏低使得多數日本人不願意屈就任職，職缺數其實比求職人數多了60％。目前日本在農業、營建、護理產業方面，已經越來越依賴外籍工作者。

由於旅遊業蓬勃發展，吸引眾多外籍遊客造訪日本，讓日本人（尤其是年輕族群）逐漸相信他們可以跟外籍人士處得來。一份2017年的民調發現，日本目前對是否要開放更多外籍勞工的正反意見平分秋色，都是42％；十八～二十九歲的受訪者有60％贊成開放，但七十歲以上的受訪者只有30％贊成。

吸引日本所需的外籍勞工並不容易，其中一個很大的門檻是語言。日語能力並非高技術勞工申請居留時的必要條件，但僅有少數日本公司能完全用英語溝通。較低階的工作者必須通過日語檢驗，而且並未開放眷屬一併居留，就算未來改持「特定技能簽證」也不行。此外，日本公司升遷標準重視年資勝於能力、長工時是社會常態，也都不是吸引勞工的有利條件。

日本也需要強化協助外籍人士融入的措施。過去由於日本只接受少數高技術勞工的居留申請，並不需要特別制定族群融合政策。但隨著移民人數增加，而且其中不少是技術水準較低的人員時，如果再不正視相關需求，將可能帶來負面效應，例如貧困和社會族群隔閡——這正是日本政府起初限制移民人數的理由。

52 —— 為什麼科學界實踐性別平等的進度緩慢？

　　2018年9月，亞歷山德羅・斯特魯米亞（Alessandro Strumia）在歐洲核子研究組織（CERN，歐洲的核能科技研究中心）發言表示：「物理學是由男人發明與建立的，不是靠邀人入場而來。」這位義大利籍物理學家後來繼續提出更多立論偏頗且帶有性別歧視的觀點，而且是在一個討論物理學界與性別問題的座談會發表，最後被中止合作。

　　令人感嘆的是，斯特魯米亞的言論確實有些值得省思之處。物理學界以及各種相關的物理科學界，起初的確是一個純男性的領域，許多子學科甚至到了現代還是由男性當家作主。在那些足以爭奪諾貝爾獎項的高端研究領域，實踐性別平等的腳步仍然遙不可及。

　　過往女性科學家獲頒諾貝爾獎的次數比較少，一部分也是因為男女參與人數與歷史因素——獲獎者通常是因為幾十年前完成的偉業而入選，那時候的性別不平等狀況遠比現在嚴重。儘管如此，科學類諾貝爾獎頒給女性的比率仍然相當不理想。

　　2018年諾貝爾物理學獎得主之一唐娜・史崔克蘭（Donna Strickland），是近五十五年以來獲頒此獎項的首位

女性，也僅是歷來獲諾貝爾物理獎的第三位女性。諾貝爾基金會也試圖處理這個狀況，從2019年起開始鼓勵提名女性科學家，半數審評委員會目前由女性領導。

　　物理學界以及定義上更寬廣的科學界，已逐漸由男女一同打造，任何人都無須受邀入場。希望在不久的將來，她們能夠在科學界最大的榮耀中獲得應有的評價。

科學分歧

諾貝爾獎得主，1901～2018*

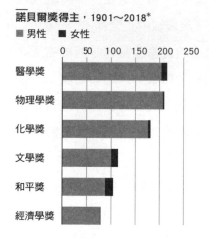

■ 男性　■ 女性

女性授予博士學位的比率（％）

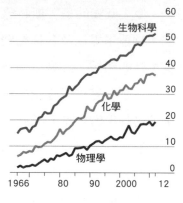

資料來源：凱澤家庭基金會；《經濟學人》

*至2018.10.03為止

53 — 為什麼國家美式足球聯盟簽約時 給予球員的權利格外少？

　　包括國家美式足球聯盟（NFL）、國家籃球協會（NBA）、國家冰球聯盟（NHL）、美國職棒大聯盟（MLB），這四個運動聯盟都容許球隊不經球員同意便可交易至遙遠的另一個球隊，球員在新球隊通常會維持原合約的條件與年限。不過，NFL是四者之中給予球員最少合約控制權與保障的運動聯盟。為什麼？

　　跟NBA、NHL、MLB不同，NFL球員絕大多數的合約其實不是真正的保障性合約，其中並不會明訂球員的雇主和薪資。合約為球員帶來的實際收益，會大幅受到球員是否達成合約內與表現相關的各項條款，以及球隊是否想留住球員而變動。NFL球員如果受傷或表現不佳，球隊可以提前釋出他們，而且不必支付合約所載的全數金額。

　　例如在2010年，唐諾文‧麥納布（Donovan McNabb）跟華盛頓紅人隊簽下價值七千八百萬美元的五年合約，但據傳首個賽季的保障薪資不到三百五十萬，且紅人隊可以選擇是否啟動後續四年的合約。因為麥納布表現不佳，紅人隊最終決定不執行後續合約，在2011年把他交易至明尼蘇達維京人隊，而維京人隊又在同年稍晚將他釋出。麥納布最終只獲得

那紙2010年合約談定的一部分金額。

　　法律上並沒有禁止NFL簽署保障性合約，不過球隊老闆當然也無意改變這種於己有利的現況，不然在球員與球隊協議重擬集體談判勞動合約時，就會納入這件事了。

　　其中一個讓球隊老闆不想納入薪資保障條款的理由是，根據集體談判勞動合同，受薪資保障的所有金額都必須在合約簽訂時交付第三方託管，儘管這些錢可能在好幾年之後才給付。

　　另一個理由，則是NFL的球隊薪資總額上限規範。洛杉磯電光隊球星羅素・歐昆（Russell Okung）在2018年7月表示，球隊老闆之所以不想納入薪資保障條款，是因為這些錢會變成「死錢」——意思是這些錢在合約簽署時便已視為球員可獲得的薪資，在合約效期內都算進球隊薪資總額，就算該球員被提早釋出也一樣，而「死錢」會影響球隊未來可開出的薪資價碼。

　　上述考量造成球員的大多數收入保障狀況每年不一，這在一項有高機率受傷的運動格外令人擔憂。根據一份由哈佛大學美式足球研究中心發表的論文估計，NFL比賽造成受傷的平均次數，是另外三個運動聯盟相加後的五倍。

　　NFL目前的集體談判勞動合約將在2021年到期，重擬新版合約將是球員與球隊老闆之間的利益拉扯。洛杉磯公羊隊的跑鋒托德・古利（Todd Gurley）表示，球員或許得靠罷賽

來爭取權利。匹茲堡鋼人隊的勒馮·貝爾（Le' Veon Bell）為了在續約時能夠獲得更多保障薪資，寧願在2018年整個賽季拒絕出賽，這似乎預示了未來勞資爭議的景況。

不過，陸續也有一些對球員有利的徵兆出現。柯克·考辛斯（Kirk Cousins）跟明尼蘇達維京人隊簽下全額保障八千四百萬美元薪資的三年合約，這也是NFL首張談定的全額保障合約。但這種合約並非常態，只有少數頂級球星得以受惠，球隊老闆也無意去改變整個立約結構。對絕大多數在NFL拚鬥的球員來說，合約保障仍然是難以企及的美夢。

— **為什麼明星足球領隊帶來的影響
不如明星球員？**

　　荷西・穆里尼奧（José Mourinho）是足球界備受稱頌的領隊，在頂級聯賽的前十一個賽季帶領球隊拿下六次國內冠軍。他在2004年曾自豪地說：「我自認是人中龍鳳。」不過他的威能近來似乎背棄了他，他在2015和2018年分別被切爾西隊和曼聯隊開除。足球迷通常把球隊表現好壞的榮耀和譴責都歸到領隊頭上，球會董事亦如此，2018年有半數頂級聯賽的球會換了新領隊。

　　不過，這種對領隊能力的信仰似乎有所誤會。《經濟學人》分析了十五年份的聯賽數據，發現那些成績超乎預期的領隊，在就任新職後仍能維持相同高水準的機率，只比翻銅板好一點。像穆里尼奧這些曾聲名卓越的大人物，他們的「衰退」有可能並非能力比過往遜色，而是早年的勝場戰績也要歸功於球員與球運，不能全數視為領隊的功勞。

　　領隊的影響力很難估量，該如何區分領隊及其麾下將士的功勞呢？為了分離兩者的效益，我們需要想出辦法量測球員的技術水準。我們在一個出乎意料的領域找到解方：電玩界。美商藝電（Electronic Arts）出品的「國際足盟大賽」系列遊戲，每年會為一萬八千名球員設定數值，那些數值是以

球員的實際表現數據與九千位球迷主觀提出的報告為基準。用這些數據可以做出可靠的賽事預測。

在只使用「國際足盟大賽」季前賽數據的狀況下，我們得出的預測與實際結果相比，平均有八個聯賽積分的誤差。透過比對實際結果與預測，我們可以看出哪些球會的表現優於根據該隊球員數值所推估的賽果。表現超乎預期的球會，確實有可能是基於領隊才能以外的因素，但假設領隊執教能力真能造成差異，那麼即使領隊去到其他球會，也應該可以繼續發揮超水準表現才對。

我們的結論是，領隊確實可以帶來些許影響，但效益不顯著。領隊轉會一年之後，我們預測他只能成功轉移8％過往的超水準佳績；就算職掌球會十年，也只能提高到45％。這項發現意味著領隊過去的成就，其實主要原因並不在領隊能掌控的事項上。

少數厲害的領隊能夠長期優於上述預測，沒有辜負大眾給予的美譽。例如西甲聯賽的馬德里競技隊，雖然球星知名度不如其他豪門球會，仍在迪亞哥・西蒙尼（Diego Simeone）的帶領下獲得西甲冠軍。德甲聯賽的多特蒙德隊，也在尤爾根・克洛普（Jürgen Klopp）執教期間搖身一變，從排名中段的球會成為兩屆德甲冠軍。

相反來說，我們的分析（於2019年1月完成）發現卡洛・安切洛蒂（Carlo Ancelotti）顯得揮霍資源。雖然他在過

去十二個賽季所執教的球會，曾八度有球員獲選該季最佳球員，那段時間他只獲取三次聯賽冠軍。在頂級賽事表現如此差勁的領隊理當會被炒魷魚，但適任領隊的人才有限，於是安切洛蒂不斷獲聘——這或許也因為球會董事過度看重安切洛蒂獲得的三次歐聯冠軍，儘管需要的勝場數少得多。

無論領隊再怎麼英明與善於運用戰術，功績都無法跟場上奔馳的球員們相比。西蒙尼領隊有辦法為表現平平的球會平均增加四個積分，但像里奧·梅西（Lionel Messi）這樣的偉大球星，至少可以帶來兩倍的效益。

要提升球會表現，找明星領隊不如找明星球員

五大聯賽[†]領隊與球員[*]的價值分佈圖，2004～2018

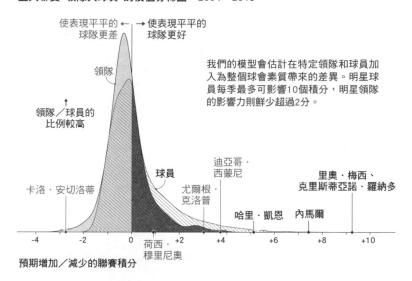

使表現平平的 ←　→ 使表現平平的
球隊更差　　　　　球隊更好

領隊

領隊／球員的
比例較高

我們的模型會估計在特定領隊和球員加
入為整個球會素質帶來的差異。明星球
員每季最多可影響10個積分，明星領隊
的影響力則鮮少超過2分。

卡洛·安切洛蒂

迪亞哥·
西蒙尼

球員

尤爾根·
克洛普

里奧·梅西、
克里斯蒂亞諾·羅納多

哈里·凱恩　　內馬爾

-4　　　-2　　　0　　　　+2　　+4　　　+6　　　+8　　　+10

荷西·
穆里尼奧

預期增加／減少的聯賽積分

領隊在前後任的工作職位表現
以100位領隊為準[‡]，在根據球員技能表現調整之後

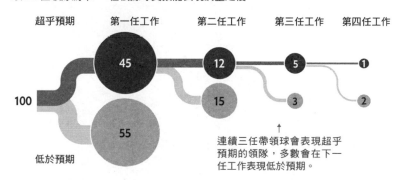

超乎預期　　第一任工作　　第二任工作　　第三任工作　　第四任工作

100

低於預期

45　　　12　　　5　　　❶

15　　　3　　　2

連續三任帶領球會表現超乎
預期的領隊，多數會在下一
任工作表現低於預期。

資料來源：美商藝電；《轉會市場》（Transfermarkt）網站
*每支球隊表現最佳的13名球員
†英超、西甲、德甲、義甲、法甲
‡任期至少15場比賽

數字迷思：
經濟問題的真實面

Q 為什麼大眾運輸越來越不被人們青睞？

(1) 速度太慢

(2) 維護品質不佳

(3) 優步、租借腳踏車等選項變多

(4) 票價太貴

——答案詳見P.175

Q 哪一國曾經出現史上最高的通貨膨脹率？

(1) 中華民國

(2) 辛巴威

(3) 委內瑞拉

(4) 匈牙利

——答案詳見P.184

當絲綢之路還是連接中國和歐洲的要道時，商人來往跋涉於歐亞大陸，橫亙中亞與高加索山南麓之間，有許多大的商隊驛站或是小客棧提供住宿休息與牲口糧草補給。等到海上貿易興盛，這條陸上絲綢之路漸漸埋沒於荒草，昔日轉運大城只剩枯藤老樹昏鴉。中國國家主席習近平在2013年倡議的「絲綢之路經濟帶和21世紀海上絲綢之路」（簡稱「一帶一路」）計劃，或許可改變此荒涼景象。

「一帶一路」主要藉由基礎建設的投資，加強中國和世界各國的貿易與運輸網絡，允諾為中亞的前蘇聯國家注入活水，重現古代絲綢之路榮光。不過這些國家從湧入的大量中國貨物中，到底能獲得什麼好處？

「一帶一路」的規模很可觀，到目前為止，中國已經核定超過九千億美金的貸款──有些是優惠貸款，更多的是商業貸款──給七十一國家，國家範圍從波蘭到巴基斯坦都有，許多計劃正在進行中。

哈薩克在其東部與中國接壤的邊境開通一個大型無水港，*裏海側的海港正在擴建，連接東西兩端的鐵路和公路也在升級。裏海另一邊的亞塞拜然和喬治亞，希望能藉由2017

---

*譯注：為霍爾果斯（Khorgos）。

年開通的巴庫－提比里斯－卡爾斯鐵路（Baku-Tbilisi-Kars railway），將中國貨物運往歐洲。喬治亞已經獲得中國五千萬美元的投資，打造座落於黑海的深水港。其他國家也競相爭取「一帶一路」的青睞。2017年11月喬治亞政府在首都舉辦兩年一度的提比里斯一帶一路論壇（Tbilisi Belt and Road Forum），來自歐洲、中東和中亞的代表用古代歷史貿易路線地圖，展現他們努力要在二十一世紀新絲路中佔有一席之地，而這條新絲路全都有中國的投資身影。

其中的謀劃是假設「一帶一路」會帶給這些經轉國（transit countries）有利可圖的外溢效應，許多國家的基礎設施已經落後太久或無力維護。新公路、鐵道、港埠建設對餐旅業、工業和零售業的經濟效益很明顯，這些發展使得與鄰國貿易更加方便——哈薩克和烏茲別克已經嘗到甜頭了，而且政府喜歡這種不必增加稅收，也不必受制於西方投資者或多邊組織，就可以有閃亮的基礎建設當政績。

但這也不是毫無風險。中國派遣自己的工人承攬工程，限縮了當地的工作機會。經轉國很可能以最低關稅來留住中國，鼓勵他們使用自己的貿易路線轉運貨物，不過這會影響自己的收益。「一帶一路」的國家還宣稱它們新興的製造業可以整合到中國價值鏈（Chinese value chain）中，例如中國生產的機械零件可以在哈薩克組裝，可是前蘇聯政權下的製造業根本沒競爭力，而且企業常抱怨找不到有技術的工人。

不過最令人憂心的，或許是這些國家的負債相當嚴重，如果「一帶一路」的投資報酬不如預期，則勢必無力償還貸款、維護設施運作，雙方關係也會變調。最終，這條現代絲路恐怕遠不及古絲綢之路更能帶動區域繁榮。

什麼是永續經濟？

　　傳統的投資者一般以財務績效為衡量成敗的指標，但最近十年，在經濟收益之餘，兼顧環境與社會影響成為投資考量的主流。全球永續投資聯盟（Global Sustainable Investment Alliance，GSIA）是一個傘狀團體，成員間互相協調共享資源。根據聯盟的報告，2016年有二十三兆美金（約等於其管理的26％資產）是屬於「社會責任投資基金」（socially Responsible Investments），它包含「環境、社會與企業治理」（ESG）相關議題。

　　但首先什麼樣的投資，才能稱得上是「永續投資」？

　　這一新領域在定義劃分上仍存在兩大爭議：一是如何界定永續投資與「一般」投資，另一則是如何再細分整個永續投資領域。例如GSIA明定七大投資策略。其中「負向篩選」最無爭議，僅是剔除名聲不好的資產，於總管理資產中佔比最大宗──在2016年約十五兆美金。例如根據指數分析而產生的股票投資組合，只需刪去菸草公司和軍火製造業。GSIA的第二大項投資策略是「ESG整合」，要求在投資過程時考慮ESG因素，不過實務上每個投資公司的作法差異很大。

　　其他五項投資策略中，最有趣的是「影響力投資」，最

近也得到許多關注。雖然它佔比最小，卻是目前最有雄心壯志的一項。它只投資其影響力可精確量化的公司或計劃，例如公司的工廠碳排量減少幾噸、某計劃中一個鄉村有多少女孩得到受教育的機會。量化的標準差異很大，但大前提總歸於不能在追求財務利潤時，犧牲其他目標。

從起初有錢人以個人名義投資，到機構法人加入，現在主流金融公司也已進場。投資者可從全球最大的貝萊德投資管理公司（BlackRock），或從高盛集團（Goldman Sachs）下的投資銀行，獲得ESG投資標的。以往影響力投資公司都很小且屬於利基市場，現在美國兩家最大的私募股權基金公司貝恩資本（Bain Capital）和TPG資本（TPG Capital，原名德州太平洋集團，Texas Pacific Group），也成立此類基金，提供不同資產類別的投資方式。債券投資者可轉向新的資產類別「綠色債券」（green bonds），投資環境相關的計劃。（此類債券發行量從2008年少於五億美金，2017年暴漲到一千六百億美金）

標準和評比一致性仍然是努力的方向。舉例而言，許多資料提供者以ESG指標對公司進行評比，讓投資人方便比較。綠色債券發行者一直尋找對它們環境憑證的外部認證機制；最初的認證只有二分法，區分是否為綠色，現在則進一步尋找可以量化相對於環境影響的一套方法，但不同投資類別的評量標準仍然無法比較。

　　為了解決這個問題，歐盟宣布啟動計劃，要制定對ESG
評比的總體架構（也就是衡量評比的標準，而不是另一套評
比系統）。不過越基本的問題越棘手，最後的問題歸結到倫
理範疇而非財務方面。比如說，一個發展中國家女孩受教育
的價值，跟防止一噸空氣汙染的價值，要如何比較？在眾多
永續投資標的中，最終投資者的選擇會依個人喜好，而非僅
是財務報表來決定。

57 如何做到最大的善舉？

　　想像你在公園散步時，看到一個小男孩掉進池塘溺水了，你很可能毫不猶豫跳入池塘救人，即使那會犧牲一雙名牌慢跑鞋。但是如果你聽到一則新聞，遙遠的國度有上千兒童遭遇洪水而溺死，恐怕你不會覺得非要採取什麼行動不可。如何解釋這兩種同理心的差異？一種原因是身為凡人，你會優先關心離你最近的事物。另一則是你不覺得有能力可以影響遠方陌生人的生活。

　　「有效利他主義」（effective altruism）的成員是一群有科學思想的行善者，他們覺得這種想法太悲觀，他們認為社會已經進展到相當程度，一個人的力量也可以實質的做許多善事。

　　影響世界最明顯的方式是選對職業，對想行善事的人來說，教書是很不錯的選擇，但並不是立刻就去教書，答案可沒那麼淺顯。有效利他主義者認為，如果你正在選擇職業並且想要幫助世界，就不該考慮職業本身可以做多少好事，相反地，你應該思考在這個崗位上，可以發揮多少影響力。

　　如果你成為老師，全國老師總數也不會增加，你只不過搶了履歷跟你差不多的人飯碗。說不定到華爾街上班更適合

你，假設在那裡你是衍生品交易員，而且承諾捐出大部分的薪水給慈善團體，這樣或許還對世界有更正面的貢獻，因為如果你的位置被他人取代，他不一定願意捐出等額的錢。

有效利他主義運動其中最理智的成就之一，是提出對行善的評估計劃。「善舉」（GiveWell）是一個非營利組織，它利用發展經濟學（development economics）的研究，計算捐給眾多慈善團體中，每一塊錢能產生多少作用。它不是從慈善團體的財務評量其成功與否，而是從其他因素（例如拯救一條人命的花費）來衡量。

例如撲滅瘧疾基金會（Against Malaria Foundation）發放防瘧疾的蚊帳到撒哈拉以南的非洲地區，「善舉」評估其成效相當於每兩千美元挽救一個生命。美國普通家庭一戶平均收入為五萬八千美元，假設每一戶一年捐獻10％，如果工作四十年，這期間可累積捐獻達二十三萬兩千美元。根據「善舉」的分析，捐獻給撲滅瘧疾基金會的話，這一戶等於承擔了挽救一百一十六位兒童的責任。類似的分析方式也可應用到其他慈善團體，如此一來，捐贈者可以評估其影響，於自己認為最重要之處，把捐獻價值最大化。

彼得‧辛格（Peter Singer）是第一位提出溺水小孩問題的澳洲哲學家，他注意到慈善團體執行效率與捐助多寡一樣重要。例如，假設你想讓大眾盡可能享受藝術的樂趣，你可以選擇買下一幅名貴的畫作捐給美術館，或者也可以只花

一百元幫助貧窮國家的某人，讓他接受手術，避免沙眼導致失明，如此他將一生都能欣賞畫作。

　　不過，即使是向理性思維的人遊說，有效利他主義還是不太容易推廣。舉例來說，待在矽谷的人，就比待在華爾街工作、精於算計的人，會更樂於擁抱這種想法。有效利他主義者擔心他們的訴求吸引力不足：對欠缺感覺波動、以實用性為終極目標的機器人來說，或許可以理解買蚊帳給遠方陌生人的價值；但對有感情的人類而言，到社區關懷據點當志工、幫忙打飯菜給老人，心靈上會更覺富足。

58　為什麼大眾運輸越來越不被人們青睞？

　　在許多先進國家，都市大眾運輸似乎越來越式微：2017下半年到2018上半年之間，紐約地鐵上班日的載運量，比前十二個月滑落2％，市區公車則是下降6％。倫敦地鐵的載運量也出乎意料地下滑。這個狀況令人費解，畢竟多數的大城市人口仍在成長，就業數比人口數成長還快。城市居民有班要上、有錢要花，購物上餐廳要出門，按理大眾運輸需求應該更高才對。可是實際情況卻非如此，人們比以前還更少搭火車或公車。

　　大家也注意到這個趨勢，並找出許多藉口。有人說是因為服務品質變差，有些城市誤點情況惡化，可能是投入大眾運輸的經費太少，或者是花在美化車站而非維護燈號正常運作（例如紐約）。也有人抱怨公車因道路施工而變慢，讓人更不想搭公車。還有一些城市諸如巴黎，因為遭受恐怖分子攻擊，使人畏於搭乘。另外也有人嫌票價太貴了。

　　以上的理由似乎還不足以解釋普遍的運量下滑。即使大眾運輸比以前更好更舒適（如洛杉磯），乘客數目還是大幅下降。從社會結構層面來看，有兩大因素壓縮了大眾運輸的空間。第一，自從有智慧手機、視訊會議、線上購物等遠距

服務之後，大眾出門的需求大減。第二，都會居民有其他更好的選擇：優步（Uber）已經無處不在，許多調查顯示叫車服務比大眾運輸更受青睞。租用方便的無樁式腳踏車正擴大服務範圍，電動機車也緊跟著要上場。等到無人駕駛的計程車出現在市區（最終應該會發展成這種局面），大眾運輸自然就失去魅力。況且，現在汽車貸款較以往優惠，自己開車更方便。

開車的反面是搭公車、坐捷運等大眾運輸系統。當越多人開車，就越容易塞車、遲到誤點，於是開車反倒不方便。相對地，當更多人搭公車或火車，政府賺錢，就可以提昇服務品質。一直到最近，許多城市都是在這種快樂的循環下運作，不過現在情況丕變。

如果乘客數量持續下降，沒有盈收維護升級，服務品質越差，就陷入更沒人想搭乘的惡性循環。大眾運輸繁華光景已不再，2018年5月，美國田納西州納許維爾市居民以壓倒性多數投票，否決增稅以建設更龐大的大眾運輸系統。絕大多數反對者不只認為課徵新稅是壞政策（這是反對方的常見論述），他們更堅持大眾運輸已經過時了。很明顯，無人車才是未來。

59 ──────── 「罪惡稅」真的管用嗎？

　　十七世紀時，菸草在英國還是很新鮮的舶來品，不過當時對抽菸已經有諸多批評。最有名的是英國國王詹姆士一世，他在1604年描寫抽菸是：「對眼睛令人厭，對鼻子令人憎，對大腦有傷害，對肺臟有危險。其漆黑惡臭的煙霧，像極了從無底洞冒出陰森幽暗的黑煙。」他將這種「有毒害菸葉」的進口稅調高4,000％。

　　有許多正當理由對某一特別的物品課稅。第一個依據當然是國家賺錢；第二個依據通常只針對某一小部分的物品，因為它們對第三方造成影響，卻沒有反應在它的價格。通常教科書上對這種「負外部性」（negative externalities）舉的例子是空氣汙染。如果沒有政府干預，這種經濟行為將會製造太多汙染大氣的產品，生產者與消費者獲利，其他人卻要忍受呼吸髒空氣。

　　根據上述邏輯，被視為對社會有害的商品，要課徵「罪惡稅」。擁護此種稅賦的人士主張，抽菸之類的行為有害健康，抽菸者自然要多付一點稅，因為他們的不良習慣讓政府從國庫撥出更多預算在醫療照護上。不過許多研究誇大這種外部性的強度，因為他們呈現的是總成本，而非淨成本。

的確，吸菸、酗酒、過度肥胖者得到不相稱、高比例的公共醫療資源——不過，那是他們還活著時才需要支出，通常他們的壽命並不長，政府為此少發退休金而節省公帑。再說，即使沒有那些不良習慣，人類終究難逃病痛與死亡，早晚還是會用到公共衛生系統的資源。英國的保守派智庫經濟事務學會（Institute of Economic Affairs）發現，總體考量罪惡稅、社會福利支出、犯罪和短命之後，菸草和酒類貨品實際上幫英國政府每年分別省下一百四十七億英鎊（一百八十七億美元）和六十五億英鎊。相較之下，肥胖問題則花費二十五億英鎊。

課稅的第三個邏輯依據，是希望民眾從一開始就不要消費那些商品。批評課稅的人則認為這種作法沒有效果，因為此類貨品通常都會讓人上癮，消費者根本不在乎價格高低。

其實經過重覆驗證之後發現，罪惡稅真的會降低消費。然而當作政策的手段，對偶爾才抽一根菸或喝杯小酒與嚴重上癮者一視同仁、都課一樣重的稅，未免過於嚴厲與粗糙。英國智庫財政研究機構（Institute for Fiscal Studies，IFS）在2017年發表的研究發現，每週才喝幾小杯的英國人對價格波動更敏感，該機構因此建議對重度飲酒者愛喝的酒類（例如烈酒）課以更重的稅。

罪惡稅的重點是讓不健康的物品在相對之下，比其他物品更昂貴，而不是令窮人更窮，所以進一步的考量是低收入

家庭受它影響最大。理論上，這個狀況可藉由一些措施抵消，如設立專款，直接用現金補貼，或是用在紓解貧困的社福專案。美國費城就用它的糖稅專款專用於學校、公園和圖書館。

從行為學的觀點來說明，是罪惡稅最好的說帖。經濟學的模型是假設人們知道自己在做什麼，但有血有肉的人常受困於自制力。抽菸的人大都知道對健康不好，就是戒不掉，課稅能幫助他們。就算你沒有全盤接受「人類決策就是不夠理性」這樣的論述，對會成癮的物品課稅所帶來的效果仍是相當明確。在美國，每四個死亡案例，就有一件與心臟病相關，而吸菸是五分之一。

以讓人們能更健康的角度來看，罪惡稅是有用的。但既然抽菸、喝酒、過胖，只會對自己造成傷害，而非他人，政府必須想清楚要干預到什麼程度。如果要以成本效益分析這些惡習對於社會的影響，都得考慮人們真的從中獲得愉悅滿足。畢竟，長壽不是生命的唯一。

威懾的效用

當價格上漲1%時，美國預測消費
下降的百分比（%）

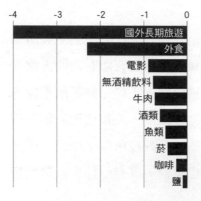

英國政府對惡習的年支出（單位：10億
英鎊），2017年或最新發布資料

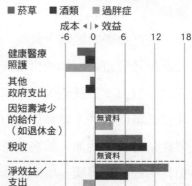

資料來源：財政研究機構；各界學術論文；經濟事務學會

60 ——— 為什麼關稅是不好的稅？

　　美國總統川普稱關稅是「最棒的」（the greatest），並且用得很率性，2017年他大筆一揮就對價值八百九十億美元的進口物品施加新關稅。有時他說關稅是迫使其他國家移除自身貿易障礙的好工具，有時他似乎又傾向保護美國工業，避免他認為的不公平競爭，而且他喜歡誇口關稅可以帶來多少稅收。既然關稅如此之好，為什麼經濟學家卻對川普總統這麼熱愛關稅，覺得很失望呢？

　　關稅是在國外賣方價格與進口商付費價格中建立價差的一種稅。狹義的關稅針對特定商品（例如汽車），使消費者傾向購買國內廠商生產的物品，較不考慮進口的東西。廣義的關稅則囊括一大部分的進口物品，設計更複雜，因為匯率差損有時候會抵消關稅的作用。關稅類似各種銷售稅，都有阻礙買賣雙方交易行為的效果，可是與銷售稅不同之處在於，關稅是以產地區分商品，而且更加繁瑣，因為不同產品可以有不同稅率。國內強勢的產業會遊說政府對進口品施加關稅，藉此獲得保護。

　　雖然關稅能增加政府收入，國家也會為此付出代價，因為這等於邀請其他國家也實施報復性關稅，最終傷害自己的

出口；如果新的關稅毀壞先前的承諾，它還會破壞雙方的信任。更糟的是，關稅會扭曲經濟發展、降低生產力。雖然不管貿易型態為何，貨幣和財務政策可以維持相對穩定的整體就業，但是差異性的稅率導致天平往受保護的工業傾斜，吸引勞工與投資。對於川普徵收25％的進口鋼料關稅，美國鋼鐵業管理階層無庸置疑會感到滿意，但美國國內需要鋼材的產業可就一片哀嚎了。

還有其他觀點贊成關稅。貧窮國家徵收關稅比徵收國內的銷售稅容易多了，只要在海關建設對應的基礎設施就可以坐地收錢。當一個國家擁有開徵新關稅的彈性時，可累積政治能量推動自由貿易，更能在突發的大量物資進口狀況下，利用開徵新關稅為安全閥，緩衝貿易逆差。

在某些情況下，關稅可以讓國內剛起步的產業加速追上國外競爭者。不過善意的保護主義者可要注意了，包藏在少數從關稅獲利的叫好聲之下，是廣大無聲受害者的腹誹心謗──包括其他行業、企業家，還有消費者，他們得要掏出更多錢來！

戒斷症狀

調升1%關稅所造成的影響（％）

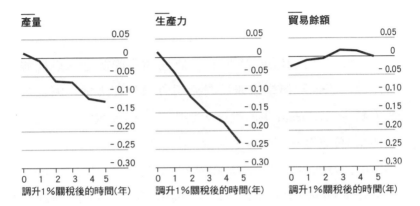

產量

生產力

貿易餘額

0 1 2 3 4 5
調升1%關稅後的時間(年)

0 1 2 3 4 5
調升1%關稅後的時間(年)

0 1 2 3 4 5
調升1%關稅後的時間(年)

資料來源：〈以總體經濟觀點來看關稅造成的影響〉（Macroeconomic consequences of tariffs），D. Furceri, S. A. Hannan, J. D. Ostry and A. K. Rose，美國全國經濟研究所，2018

61 ———— 如何比較委內瑞拉與歷史上
其他的惡性通貨膨脹？

對沒親身經歷過的人而言，惡性通貨膨脹是難以理解的抽象。根據經濟學家兼反對派國會議員安杰爾·阿瓦拉多（Ángel Alvarado）的數字，委內瑞拉搖搖欲墜的經濟在2018年8月單單一個月內，物價上漲了223.1％（政府老早停止公布官方統計數字）。雖然國際貨幣基金會（International Monetary Fund，IMF）曾預估委內瑞拉的通貨膨脹率到2018年底可能高達1,000,000％，不過這個數字跟史上最糟仍有一大段距離。匈牙利在二次大戰後通貨膨脹極為嚴重，最糟糕的月分物價上漲達41,900,000,000,000,000,000％，政府必須破紀錄印製面額有二十個零的紙幣。

約翰·霍普金斯大學的史蒂夫·漢克教授（Steve Hanke）和獨立經濟學家尼古拉斯·克魯斯（Nicholas Krus）曾對歷史上五十七場惡性通貨膨脹事件排序，*2018年的委內瑞拉只能排在第二十三名。為了讓大家對數字更有感覺，事件之間更容易比較，兩位經濟學家以最高單月物價上漲率為基準，換算出物價翻倍所需時間，相當於貨幣的「半衰期」，即多久的時間貨幣貶值50％（相對於國家的消費物資和服務）。

---

*譯注：原報告是2012年發表，內容只有56場，https://www.cato.org/sites/cato.org/files/pubs/pdf/workingpaper-8.pdf。

這種方法將天文數字的通膨率轉換為更容易理解的時間單位：天、小時。委內瑞拉2018年8月的例子換算起來，相當於不到十九天貨幣貶值一半，而匈牙利只要十五小時！

失控反應

惡性通貨膨脹在單月最高通膨率下，價格翻倍所需天數

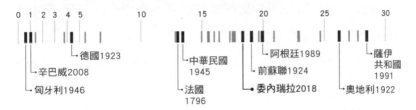

資料來源：〈世界超級通膨〉（World hyperinflations），S. H. Hanke and N. Krus，卡托研究所研究手稿，2012；《經濟學人》

—— **大公司如何讓市場缺少競爭性？**

美國企業獲利在GDP的比重，從1978年的1.9％增加到現在的4.5％。這雖然帶給股東一份大紅包，不過許多重要行業在漲勢之中，所反應的卻可能是動量的衰退，從三種不同的統計數字可以看出端倪。

首先看行業集中度。儘管這數字不容輕率解讀，從1997到2012年，在約九百種調查的產業中，有三分之二集中度上升，前四大公司的加權平均市場佔比從26％成長至32％，而且2012到2014年持續上漲。那些超過三分之二市場是被前四大公司壟斷的產業，支撐了十分之一的經濟。

獲利也是不尋常的高，這可從公司的自由現金流量來評量，按GDP的比例，它比五十年平均線高出76％。有幾個產業的獲利和價格比其他國家都高，包括航空業、信用卡公司、電信業、藥廠，還有信用審核。只要有擠過老舊經濟艙座位的經驗，或是曾在結帳櫃檯簽那張刷卡收據，任何人都知道美國這些產業比其他國家落後。它們還涉及操控法規。

至於市場開放度，美國仍是世界最大的創新中心。美國研發經費每年達四千五百億美元，比中國多20％，也比歐洲、日本和南韓總和還高。可是商業活絡的程度已經趨緩：

1997年名單上很賺錢的公司，到2017年只剩50％（以15％的獲利門檻為準，並且不計商譽資產）。越來越少新公司成立，而且美國從2011年起，進出口貿易總額在GDP的佔比逐年下滑，外國公司在美國的子公司生產力也停滯不前，種種跡象顯示美國對全世界的開放已經熄火。

與美國相比，歐洲的頂尖公司規模較小，而且更趨於國際市場導向，但是行業集中度也有緩緩上升的情形。經合組織（OECD）恰拉・基里斯瓜羅（Chiara Criscuolo）與她的同事所做的報告顯示，從2000年起，平均每一種產業前四大公司的市場佔比已經上升3％，大約是北美洲的一半。而非金融業的自由現金流量，則比20年平均線高出18％。1997年榜上有名的最賺錢公司，到2017年只餘46％還留在名單內。

跟美國一樣，歐洲成立新公司的數字也在減少，創新力度不夠，投入研發的經費只有美國的一半。不過貿易的表現比美國好，從2007年以來在GDP的佔比有些許變大。兩個區域皆有行業集中壟斷，使得市場缺少競爭的情況，則是不用懷疑。

壟斷資金

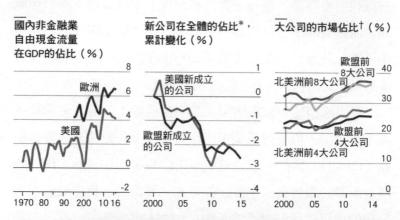

**國內非金融業
自由現金流量
在GDP的佔比（％）**

歐洲

美國

1970 80 90 200 10 16

**新公司在全體的佔比*，
累計變化（％）**

美國新成立
的公司

歐盟新成立
的公司

2000 05 10 15

大公司的市場佔比†（％）

歐盟前
8大公司

北美洲前8大公司

歐盟前
4大公司

北美洲前4大公司

2000 05 10 14

資料來源：綜合組織與經濟學家的估計；〈商業動能趨緩：證據與
理由〉（Declining business dynamism; evidence and causes），F. Calvino,
C. Criscuolo and R. Verlhac，綜合組織；〈歐洲與北美的行業集中度〉
（Industry concentration in Europe and North America），M. Bajgar, G.
Berlingieri, S. Calligaris, C. Criscuolo and J. Timmis，綜合組織

*所有產業與國家的平均
†所有產業的平均

63　為什麼牛劍雙校大學生應該要修經濟學？

　　輕視高等教育的人常批評大學濫發學位文憑，對往後工作毫無用處。菁英大學的畢業生收入通常比沒名氣的學校高，你可能以為是因為菁英大學教更多工作實用的課程。不過英國教育部提出的資料跟你想的不一樣。名校的大學部學生其實選修較多純學術性領域的課，如哲學和古典文學，非名校的學生則傾向選修就業相關的課，例如商業或護理。要如何解釋這個看似矛盾的現象？

　　其中一個理由是，僱主們認為名校的學位等同智力。這表示名校學生不僅能讀書還懂賺錢。劍橋主修創作藝術的畢業生，在二十六歲時的中位數年收入是兩萬五千英鎊（三萬兩千美元），儘管創作藝術跟音樂都屬於劍橋畢業生收入最差的科系；等級沒那麼前面的大學（如赫爾大學）經濟系學生，差不多也是這個收入。

　　不過，即使牛劍學生能夠讀了好幾年的《尤利西斯》（Ulysses），並自我說服讀藝術仍拿得到不錯的薪資，其實他們為了追求藝術付出了龐大的機會成本。這是因為僱主們會把最高起薪的位子，保留給那些名校出身、又讀有市場價值課程的學生。劍橋創作藝術畢業生的年薪，比藝術系最低

年薪的雷克斯漢姆格林多大學還多一萬一千英鎊；對照之下，劍橋經濟系畢業生的年薪，比經濟系最低年薪的索爾福德大學，要多出四萬四千英鎊。

大多數有藝術天分的學生對數字很沒概念，但對兩方面都有才華的學生來說，如果以薪質衡量，那選擇擁抱藝術的損失相當大。劍橋創作藝術系學生入學考（A-level）成績相當於華威大學的經濟系，但畢業後薪水只有華威大學經濟系的一半，相當於放棄五十萬英鎊年收入。

誰會這麼任性？答案就是牛劍學生，因為通常牛劍學生的家長都是有錢人。大多數學校當中，畢業高收入的科系（例如經濟系和醫學系），學生的家境通常也比較好，一部分原因是這類申請入學者的成績比較容易達到標準。可是這種家境與科系的對應關係，在牛津劍橋不成立：平均來說，牛劍雙校歷史系和哲學系學生的家境，比醫學系學生更高檔。但是，如果想將來賺大錢，應該多留意哪一科目就很清楚了：經濟學！

英國頂尖大學的學生較少選修就業相關課程

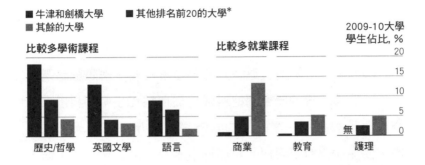

■ 牛津和劍橋大學　　■ 其他排名前20的大學*
■ 其餘的大學

2009-10大學學生佔比, %

比較多學術課程　　　　　　　比較多就業課程

歷史/哲學　　英國文學　　語言　　　商業　　　教育　　　護理

頂尖大學不同科系畢業生收入差距較大

中位數年收入，2014-2016年

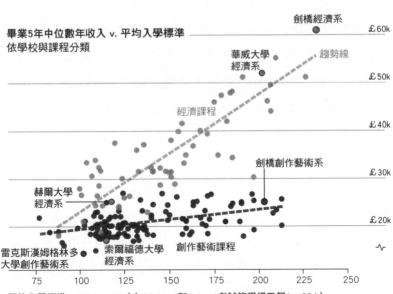

牛津經濟系 ● £70k

畢業5年中位數年收入 v. 平均入學標準
依學校與課程分類

劍橋經濟系 ◉ £60k

華威大學
經濟系 ● 趨勢線

£50k

經濟課程

£40k

剑橋創作藝術系

£30k

赫爾大學
經濟系

£20k

雷克斯漢姆格林多
大學創作藝術系 ●　　索爾福德大學
經濟系　　　創作藝術課程

平均入學標準，2016-2017（在AS-level和A-level考試皆獲得三個A＝204）

75　　100　　125　　150　　175　　200　　225　　250

資料來源：英國大學及院校招生事務處（UCAS）；英國教育部
*根據UCAS入學標準

64 ──── 澳洲的經濟成就有多非凡？

澳洲上一波經濟衰退時，蘇聯還沒解體，網際網路還沒誕生，美國主導的聯軍剛把科威特從伊拉克手中解救出來，今天全世界幾乎一半的人口當時還沒出生。不像大部分地區，澳洲並沒有受到1997年亞洲金融風暴的影響。也不像大部分已開發國家，它在全球金融危機中屹立不搖。跟許多出口導向的國家相比，它平安渡過資源需求暴跌的難關。沒有任何一個國家能維持穩定成長這麼久的時間，起碼從這個角度來看，澳洲可以吹噓是世界最成功的經濟體。

除了長期穩定成長，其他方面的評量也顯示澳洲經濟表現很亮麗，例如其他強國薪資已經一、二十年沒調整，澳洲薪資還大幅調漲，雖然最近幾年開始沒那麼穩定。換句話說，世界其他國家執政者和人民所遭遇到的問題，各式各樣的政局動盪，從歐洲的民粹主義到美國總統川普的選舉，在澳洲都不存在。

讓澳洲脫穎而出的還不止這些，當全世界的國家對移民都不友善，甚至想方設法將移民遣返，澳洲每年批准十九萬新移民，如果按人口比例來算，幾乎是美國的三倍。人口的成長也支撐了經濟的成長，超過28％的人口不是在澳洲出

生，這比其他先進國家高出甚多。一半的澳洲人不是海外出生，就是移民第二代。

　　某種程度上，這種對外來者的寬容大度反應澳洲另一項非凡的特性：社會福利制度的償付能力，很少聽到有人抱怨移民是社會寄生蟲。澳洲公債只有GDP的41％，名列先進國家中最低佔比的一群，在經濟上這不僅是令人稱羨的成就，同時也是歷史上制定明智政策的結果。大約三十年前，澳洲政府大幅修改退休金制度，每個勞工都被強迫提撥退休金存入私人投資基金。政府準備的退休金只用來照顧沒有足夠存款的人。

　　儘管經濟上相當成功，澳洲現在也面臨政治上的不滿情緒。澳洲的政局曾經很穩定，在1983年到2007年中間，只出現過三位總理，分別是澳洲工黨的鮑勃・霍克（Bob Hawke）和保羅・基廷（Paul Keating）、自由黨的約翰・霍華德（John Howard）。之後，總理寶座六度易手。總理任期只有三年，最近一次三年做滿的紀錄是在2004～2007年。有些人認為澳洲非凡的經濟成就，起碼一部分得歸功於三十年前政府高瞻遠矚的決策。對那些人而言，暗潮洶湧動盪不安的政局似乎預告著衰落的來臨。

貨真價實的收入

1991=100代表將1991年
數據訂為100

— 澳洲　— 美國　— 加拿大、英國、德國、
　　　　　　　　　　　日本和法國

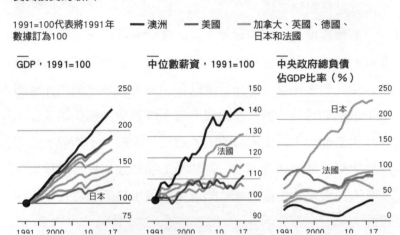

GDP，1991=100

中位數薪資，1991=100

中央政府總負債
佔GDP比率（％）

資料來源：經合組織；國際貨幣基金組織

論罪裁罰：
法律與正義的真相

Q 國際刑警組織是怎麼樣的機構？
（1）跨國逮捕罪犯的執法團隊
（2）各國分享犯罪情報的平台
（3）凌駕各國警署的最高機構
（4）擁有指揮全球警力的權限

——答案詳見P.0212

Q 哪些國家囚禁了最多記者？
（1）土耳其
（2）中國
（3）俄羅斯
（4）沙烏地阿拉伯

——答案詳見P.229

　　在許多層面上，魯本・格瑞雷（Ruben Gutierrez）都符
合美國數千名待處決死刑犯的典型。這名四十一歲的嫌犯遭
判死刑已二十多年，但他始終堅稱自己清白，希望爭取進行
DNA測試以洗刷罪名。他原本被安排於2018年9月12日，於
德州亨茨維爾市州立監獄（Huntsville State Penitentiary）以注
射致命藥物的方式處刑，罪名是在1998年謀殺拖車公園業主
愛索拉蒂卡・哈里森（Escolastica Harrison）；這名業主不信
任銀行機構，於是把六十萬美元藏在自己的活動屋裡。不過
就在處決前夕，在新任指派律師們的努力下，格瑞雷於8月
時獲准暫緩執行死刑。

　　儘管存在冤罪誤殺的風險，多數美國人目前仍贊成對重
大案件嫌犯處以極刑。那些認為死刑終將沒落的人們也相當
困惑，因為近來支持這種終極刑罰的人數反而上升了。

　　過去二十年間，死刑執行次數與大眾支持度多半都是往
下降。德州在2000年處刑四十人，但在2016、2017年都只有
處刑七人。之所以如此的主因是美國謀殺率下降，從1980年
的每十萬人有十點二人死於謀殺，降至2014年的四點五人；
此外，窮凶極惡的一級謀殺重罪數量近年也明顯下降。而且

除了阿拉斯加以外的美國各州，如今都給予陪審團判決嫌犯無期徒刑且不得假釋、確保犯人終生無法出獄的權力。

在此同時，廢死倡議人士也頻繁提出有力論述。有強烈證據顯示德州自從1970年以來多次處死無辜嫌犯，包括1989年的卡洛斯·德陸納（Carlos Deluna）、2004年的卡麥隆·威靈漢（Cameron Todd Willingham）。其他證據則指出死刑執行與否恐帶有種族偏見。超過75％受刑者的罪責是殺害白人，儘管謀殺案的被害者約有半數是黑人。廢死倡議人士提出的實務論述，包括在冗長的上訴與重審過程所支出的高昂花費，以及藥廠越來越不願意販售用於死刑的毒藥，還有新的致死性混合藥物可能延長犯人的痛苦並引發各種問題。

既然如此，為什麼支持死刑的聲浪反而再度上升了呢？根據皮尤研究中心的調查，美國人有54％回頭支持死刑，比起兩年前的49％來得高。死刑資訊中心（Death Penalty Information Center）的執行長羅伯特·杜漢（Robert Dunham）表示，這與華盛頓特區的政治詞藻有關。

2018年3月，美國總統唐納·川普提議讓毒販被求處死刑，他宣稱聯邦政府不願意處死毒販是在「浪費時間」。當美國正深陷開國以來最致命的非法藥物成癮危機時，這種說法或許能獲得正面迴響，但實際上，「死刑能夠阻止犯罪」的證據相當少。如果川普總統的提議成真，美國將會名列少數在此領域名聲不佳的國家之一。根據國際特赦組織的報

告，在2017年，僅有中國、伊朗、沙烏地阿拉伯和新加坡，會因為販毒而被判死刑。

綜觀全球，施用極刑已不如過往普遍和受歡迎，而死刑程序帶來的高昂花費、引發的效益不明確、處刑方式有爭議，種種因素造成群眾不滿，進一步加快死刑沒落的腳步。美國這股反動的趨勢似乎無法長期維持，因為年輕族群和少數族裔格外反對死刑，人口分布是站在廢死倡議人士這一邊的。至今有十九個州與華府特區決議廢除死刑，其他仍保留死刑的州，也有許多州已經幾十年沒執行過死刑了。大多數處刑都發生於少數幾個州，例如德州、佛州和奧克拉荷馬州，而且只有其中幾個郡的檢察官才會求處死刑。

一旦美國民眾對死刑的支持度再次下滑，民意代表勢必也會跟風轉向。廢死倡議人士或許得比預期再多等一陣子，但即使是美國這樣的國度，死刑完全廢止的日子必然也越來越接近了。

66 ─── 為什麼美國最高法院大法官的任職期間這麼長？

美國大法官安東尼・甘迺迪（Anthony Kennedy）在2018年7月宣佈退休，結束他為期三十年的大法官生涯，被提名繼任的布雷特・卡瓦諾（Brett Kavanaugh）隨即在參議院聽證會引爆兩黨大戰，也讓公眾再度關心起美國司法制度中一項特異之處：最高法院大法官的任職期長得驚人。

在美國憲法描述各政府機關的條文之中，美國憲法第三條是篇幅最少的，而且其中並未實質限制聯邦法官的任期長短。第三條第一款寫道：「最高法院和下級法院的法官如行為端正，得繼續任職。」實際上這代表法官可以任職到過世或是退休。

彈劾（impeachment）是一種解職法官的方式，但真正被執行的人數很有限。1804年，在時任總統湯瑪斯・傑佛遜（Thomas Jefferson）的建議下，眾議員對大法官塞繆爾・蔡斯（Samuel Chase）提出彈劾，理由是他的判決不公正、受黨派意識影響，不過蔡斯在1805年被參議院認定無罪，繼續擔任大法官六年直到過世。自1789年以來還有十四位聯邦法官曾遭到彈劾，八人被解職，但至今為止，並無任何大法官因為言行不當而被掃地出門。由於美國人的壽命比一百五十

年前增加至少一倍，終生制大法官意味其任期長達數十年。

2006年，兩位法律教授史蒂文·卡拉布雷西（Steven Calabresi）和詹姆斯·林格倫（James Lindgren）發現，1970年之前任職的大法官任期平均十四點九年，之後則是平均二十六點一年。最近五位離任的大法官平均任職二十七點五年，其中還包括了未循常態、較早辭別崗位的戴維·蘇特（David Souter），他在2009年決定退休，那時他六十九歲，任職大法官十八年。

為什麼美國制憲者如此信賴大法官，以至於採用終生制，而其他民主國家則會限制任期、設定退休年齡，或兩者兼備？美國開國元勳們相信，司法這個所謂「最不危險的政府機關」，需要一些支撐力道。為了讓大法官的判決不受政治風向影響，他們必須具有強烈的自主性，不隨立法機關與行政機關起舞。對亞歷山大·漢密爾頓（Alexander Hamilton）來說，終生制只是達成上述目標的方法：為了維護司法獨立，「這是任何政府所能採納的最佳權宜之計」。漢密爾頓推斷，一旦大法官不需經由競選、擔心失去席次，他們將能免於政治糾葛，秉公執行司法正義。

在布雷特·卡瓦諾通過大法官任命投票，確立未來五十年保守派將在最高法院具有優勢之後，漢密爾頓對終生制所抱持的遠大期待顯得不切實際。像《布希訴高爾案》（Bush v. Gore，此案基本上是五位共和黨指派的大法官，把入主白

宮之鑰交予共和黨），或《詹尼斯訴美國州縣市勞工聯盟案》（Janus v. AFSCME，於2018年6月宣判，對公共部門工會造成打擊），這類的案子都很難說服眾人法官是公正無私地詮釋法律，未受個人政治偏好影響。

而大法官傾向在意識形態相近的總統任內退休，像安東尼・甘迺迪的退休時機似乎就引人遐想，這也讓最高法院看起來更像是一個能以政治手段操弄的機關。一個跨黨派的最高法院監督組織「改善法院」（Fix The Court），倡議將大法官的任期定為十八年（卸任後他們可以去下級法院任職），在學術界得到不少支持。這個提案還搭配「每兩年指派一席」的設計，也就是每位總統可提名兩位大法官。

這樣的制度設計思維，或許顯示出十八世紀一位反聯邦黨的作者布魯托斯（Brutus）提出的控訴有先見之明。他寫道，憲法使「大法官高於一切，獨立於人民、立法機關和天堂之下的任何權勢」。難怪那些形塑美國數十年的大法官，會覺得自己「不受天堂支配」。

為什麼鴉片和古柯鹼的產量
創下歷史新高？

　　根據聯合國毒品和犯罪問題辦公室（UNODC）的資料，植物性基底的非法藥物近年快速竄升。世界鴉片產量在2017年提高了65％，是有紀錄以來最高的一年。該年一萬零五百噸的產量中，有九千噸來自深陷血腥衝突、偏鄉貧困問題嚴重的阿富汗。全球古柯鹼產量也是逐年以25％速度增加，在2016年達到一千四百一十噸的新高（這是有數據可查的最新年份），其中超過半數來自哥倫比亞。

　　美國國家藥品管制政策辦公室（Office of National Drug Control Policy）曾公佈哥倫比亞境內於2017年的古柯鹼產量與古柯葉（古柯鹼的原料）種植面積的估計數值，古柯鹼產量從2016年的七百七十二噸增加到九百二十一噸，古柯葉種植面積也增加11％，來到二十萬九千公頃。

　　在哥倫比亞政府與反抗組織「哥倫比亞革命軍」（FARC）簽署和平協議後，大家原本預期境內的古柯葉種植面積即將減少，因為革命軍的收入仰賴毒品走私，停戰後理當會使古柯鹼交易熱度下降。問題是出在哪裡？

　　其中一個解釋是，這是「始料未及定律」再度發威。和平協議中明定政府必須為原本種植古柯葉、如今改種其他作

物的農人提供補貼，但這反而促成一波搶種古柯葉的熱潮，以求後續獲得補償。此外，隨著和平會談進展，政府軍也減少空中灑藥掃毒的行動，使古柯葉種植面積易於增加。而在哥倫比亞革命軍活躍程度下降後，也會有其他武裝團體試圖接手古柯鹼交易。

至於阿富汗，罌粟種植面積在2001年美軍入侵後便水漲船高，儘管在2010年前後一度下降，如今再次來到歷史新高。美國在阿富汗耗費一百億美元加強反毒，主要措施包括建立掃毒團隊、補貼鼓勵阿富汗農民棄種罌粟轉種小麥，以及金援罌粟產量下降區域的政治人物。

不過這些方法與其說減少了罌粟產量，似乎更像是促使相關活動轉進塔利班控制的區域，反而讓美國亟欲擊敗的這個組織獲得更多資金。

高潮時刻

全球禁藥生產量（單位：千噸）

古柯鹼*製造量†

鴉片生產量†

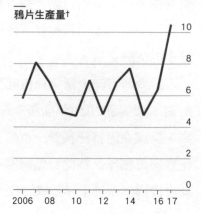

資料來源：聯合國毒品和犯罪問題辦公室
*假定產出物為100％純度
†推估值

68 —— 為什麼墨西哥的謀殺率飆升？

2018年4月，在當局表示三名失蹤的電影系學生恐已喪命且被強酸溶解遺體之後，墨西哥第二大城瓜達拉哈拉（Guadalajara）有十二萬人上街抗議。在那之前的一個月，一間位於格雷羅州的可口可樂裝瓶廠因為當地暴力頻傳而被迫休業。在此同時，北境大城提華納（Tijuana）的太平間爆滿，民眾抱怨惡臭外洩，當地的謀殺率兩年內暴增了將近三倍。

這些事情儘管聽來令人反感，其實只是冰山一角。根據政府統計，2017年約有二萬五千三百四十名墨西哥人遭到謀殺，比前一波2011年的謀殺高峰還多。2018年的謀殺遇害人數甚至更多，來到二萬八千八百一十六人。為什麼墨西哥的謀殺率如此飆升？

墨西哥的地理位置算是運氣不佳，介於南美洲的古柯葉田和美國這個世界最大的毒品銷售市場之間。毒品交易造成幫派爭奪地盤，狙殺任何阻止他們「做生意」的人士。槍枝在美國容易購得，隨後回流至墨西哥，而孱弱的執法單位也讓幫派分子實質上等同殺人無罪。

有些學者認為，墨西哥在二十世紀末的民主崛起，破壞了掌權人士和犯罪組織之間的共識，造成更多血腥衝

突。隨著幫派猖獗造成嚴重損害，費利佩‧卡德隆（Felipe Calderón，為2006～2012年的總統）派遣軍隊掃蕩，引發前所未見的暴力浪潮。繼任的恩里克‧尼托（Enrique Peña Nieto，為2012～2018年的總統）矢言要讓謀殺率減半，在他任期的前幾年也確實有所下降。

不過近來的三個新趨勢，再度使暴力衝突攀上新高峰。首先，儘管有黑幫老大落網，殘餘分子卻因此分裂與另立門戶，不受控管並容易彼此爭鬥。這種糾紛又助長了第二個趨勢：活動多元化。各幫派不再僅限於毒品交易，開始涉足勒索、綁架以及熱門的輸油管竊油等犯罪，而這些「新業務」的血腥程度不輸舊業務。

第三個趨勢則是前兩個趨勢帶來的後果：去中心化。在卡德隆任內，多數謀殺案可歸因於走私毒品至美國，主要發生在邊境州的城市，例如奇瓦瓦州的華雷斯城（Ciudad Juárez）。但現在幫派問題已蔓延至未曾見識過血腥衝突的各州，像是金塔納羅奧州、瓜納華托州和柯利馬州。自2015年以來，墨西哥全境各州的謀殺率幾乎都呈現上升趨勢。

2018年就任的總統羅培茲‧歐布拉多（Andrés Manuel López Obrador）提議赦免罪犯，不過適用範圍定義得相當模糊。他說：「我們不能以暴力來解決暴力。」但是有四分之三的墨西哥人反對這項提議。過去兩任總統離任之時，國內情勢都比他們上任時來得更暴力，很少選民相信這位新任總統能夠倖免於相同下場。

69 ── 世界上槍殺案多半在哪裡發生，
又是如何發生？

　　槍枝做為逞兇工具已超過五百年的歷史。華盛頓大學健康指標和評估研究所（Institute for Health Metrics and Evaluation）在醫學期刊《美國醫學會雜誌》發表了一份論文，提供了或許是至今最棒的全球暴力凶殘程度估計。該論文指出，光是2016一年，就有接近二十五萬人死於槍殺（此數據已排除戰爭和警察執法造成的死亡）。在1990～2016年之間，總計約有六十五萬人死於槍殺，比因為傷寒或酗酒而死的人數都來得多。

　　數據顯示槍枝暴力發生的區域非常集中，區區十五個國家（涵蓋全球35％的人口數）便佔據了75％的槍殺人數。印度在2016年估計約有二萬六千人死於槍殺，但它的槍殺死亡率是每十萬人有二點六人死亡，比全球平均值低了25％。槍枝暴力最嚴重的區域是美洲：在薩爾瓦多、瓜地馬拉和委內瑞拉，每十萬人的槍殺死亡率超過三十人，其中多數死因是謀殺。

　　有九十個國家的槍殺死因是自殺多於謀殺。在美國，2016年舉槍自盡的人數是被槍擊謀殺的兩倍；同年度德國與槍枝謀殺有關的受害者少於一百人，但舉槍自盡的人數將近

一千人。不過綜觀情勢倒也不是真的嚴峻險惡。整體來說，人均槍殺死亡率呈現下降趨勢，雖然這主要是因為自殺案件不如以往頻繁。

射擊靶場

槍殺死亡人數，依死因區分（單位：千人）

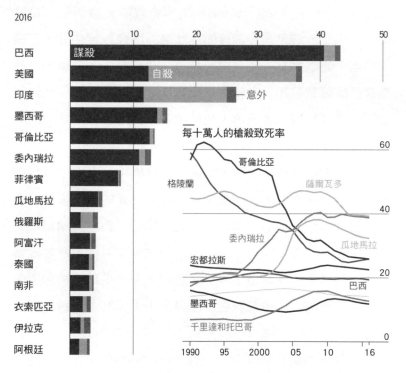

資料來源：〈1990～2016年全球槍殺死亡率報告〉（Global mortality from firearms,1990–2016），M. Naghavi等人，《美國醫學會雜誌》，2018

70 ───── 賽馬禁藥弊案有哪些花樣？

　　二十一世紀最知名的禁藥作弊涉案人，是騎著雙輪自行車的藍斯・阿姆斯壯（Lance Armstrong）。不過四隻腳的馬匹跟人類一樣，也可以透過施藥來增長或降低表現。2018年5月，澳洲一個賽馬訓練場（目前已關閉）共有八人被判決有罪，罪名與自2010年起長達七年為馬匹施打禁藥、在賽事中作弊有關，其中知名馴馬師羅伯特・斯默登（Robert Smerdon）和兩名助手更被判罰終身禁賽。

　　他們的手法是對馬匹非法餵食碳酸氫鈉（俗名小蘇打），它能減緩肌肉內的乳酸生成與堆積，讓賽馬可以奔馳得更久而不顯疲態。一名政府官員說，這是澳洲賽馬界史上最不堪的醜聞。不過實際上，賽馬禁藥弊案有哪些花樣？

　　有些藥水（例如鎮定劑）可以用來安撫高度緊繃的馬匹，但也有些藥水是用來加快馬匹的速度。據說參加古羅馬戰車競技的車手，會餵食馬匹蜂蜜水。到了二十世紀初期，良種馬匹開始被施加更強烈的「好料」：咖啡因和古柯鹼。自此馴馬師實驗了各種方法，包括餵食威而剛、可提升精力的鴉片類藥物、氣管擴張類藥物，以及像是「藍色巫術」這種未經認證的化合物，據傳可以提升心血管功能。

賽馬也會被注射紅血球生成素（這是一種影響血液的荷爾蒙禁藥，也是讓阿姆斯壯垮台的關鍵），並餵食鈷，兩者都可以增加血液中的溶氧量。有些馴馬師則被指控施打同化類固醇，使馬匹長期變得更強壯與更快速，不單只在出賽當天能有好表現。

　　其他藥物則用來麻痺受傷動物所感受到的疼痛，其中包括某些罕見素材，例如做為神經傳導阻滯劑用途的眼鏡蛇毒。2012年，美國馴馬師被揭發對馬匹使用「青蛙汁」，這是一種藥效比嗎啡強烈四十倍的鎮痛藥物，俗名來自其原料取自一種南美蛙類的背部。

　　獸醫格外討厭這種類型的作弊，因為瘸腿的坐騎可能對自身與騎士造成致命傷害。根據2012年《紐約時報》的調查，美國賽馬比賽的馬匹斷腿事件呈現上揚，該報指控施打禁藥是首要原因。值得注意的是，一些賽事引進賭場風格的投注業務，導致利益風險攀升，也促使馴馬師讓健康不佳的馬匹上場。

　　我們很難判斷這些惡行有多廣泛，因為藥檢規範很片面。像紅血球生成素這樣的藥物不容易檢測出來，因為它很快就會融入體內。正如所有運動面對的狀況，賽馬監管人員必須跟奸巧的藥劑師大玩你追我跑的遊戲，有時還要被抨擊執法不力。不過近年他們的權力有所增長，獲准突襲檢查賽馬訓練場內的馴馬師並抽驗樣本。

在科技工具方面，也有不少技術上的進步。透過對毛髮進行檢驗，實驗室可找出會在血液與尿液中快速消失的非法禁藥。有些國家的科學家正在開發「馬匹生物護照」，功能上跟人類運動員所使用的相似。加州大學戴維斯分校的史考特·史丹利（Scott Stanley）表示，藉由辨識馬匹生物護照內的異常指標，監管人員便可以對有嫌疑的賽馬訓練場要求進一步檢測。

史丹利相信賽馬弊案「已經不像許多人所認為的那麼猖獗」，不過當金錢和信譽處於利害攸關之際，行業內不道德的參與者勢必仍會試圖在系統內取巧，這一點你倒是可以放心下注。

71 —— 國際刑警組織是怎麼樣的機構？

　　底下所講的內容，有潛力成為驚悚片的劇情。一位在打擊全球犯罪組織內任職的主席，於落地中國機場之後沒多久，向妻子傳了一個刀子圖樣的表情符號，幾分鐘後他就失蹤了。幾週之後，一名與極權政府有關聯的俄國人差點掌握了這個組織，引起全球關注。這是虛構的小說故事嗎？不對，這是國際刑警組織的真實事件。那麼，國際刑警組織究竟是在做什麼，又為何近來捲入多起風波？

　　國際刑警組織於1923年成立，是一個由一百九十四個成員國組成的跨國警察機構。它並未擁有傳統意義上的警力，其探員不能逮捕罪犯，它的功能更像是一個情報分享網絡，使各國警方可以有效率地合作，打擊諸如人口販運、恐怖攻擊、洗錢、非法藝術品交易等跨國罪案。它的總部位於法國，擁有多個犯罪資料庫，統合了指紋、DNA樣本和失竊文件等資料；這個資料庫價值非凡，宛如寶庫般珍貴，光是在2017年每秒就有一百四十六筆搜尋紀錄。

　　國際刑警組織另一個主要功能是發布通知，警告成員國協尋失蹤或關鍵人士。其中最廣為人知的通知是「紅色通緝令」（Red Notice），是某成員國藉此通報各國，希望能逮捕

某名特定人士。成員國並無義務服從這類通知，不過通常會視其為合法逮捕與引渡的保障。「擴散通報」（Diffusion）是一種審查較不嚴格的通知申請，也是另一個利用國際刑警組織以逮捕特定人士的常用手段。

各類通知和擴散通報，是國際刑警組織在2018年晚期發生諸多紛擾的核心因素。儘管組織憲章明令禁止出於政治動機的舉措，倡議人士指控國際刑警組織並未嚴格遵守規定。許多不滿指向俄國，因為它對克里姆林宮的政敵發出通緝令和擴散通報。

美國出生的金融家比爾·布勞德（Bill Browder）曾在俄國發跡致富，後來與當局失和，並在全球推動反對佛拉迪米爾·普丁的運動。他在2018年5月被西班牙短暫拘留，原因正是俄國透過國際刑警組織發出的這類通報；布勞德宣稱這已經不是第一次發生相似狀況。國際團體也指控中國、伊朗、土耳其、突尼西亞等國，濫用國際刑警組織的通報機制遂行極權政府所需，手法包括對難民發出紅色通緝令，由難民逃離國指名申請。國際刑警組織通常會要求撤銷此類通報，但無從確保它真正實現。

2018年12月，對國際刑警組織的憤怒又添了新柴火，這次是因為與普丁政權關係密切的亞歷山大·普羅科普丘克（Alexander Prokopchuk），預料將被選為新任主席。批評者誇大其詞，宣稱這有如讓普丁完全掌控國際刑警組織，幾位

英國議員甚至誇張到建議英國應該要與其他「尊重人權的國家」合作尋找解方。不過，儘管國際刑警組織主席的職責是監督整個組織的大戰略與決策，其角色僅有儀式性意義。

　　無論如何，俄國這番「選舉操弄」的作為確實收效。雖然普羅科普丘克最後輸給韓國籍的金鐘陽（他在前任主席孟宏偉遭中國逮捕後當上代理主席），金先生也受到抨擊，指控他並未確認前主席孟宏偉的辭職信是否受中國脅迫而寫便逕行接受。

　　倡議人士或許欣喜於金鐘陽擊敗普羅科普丘克，接任孟宏偉成為國際刑警組織新主席，不過他們持續要求該組織做出更多改革，例如布勞德正積極推動將俄國在國際刑警組織之中停權。

72 — 為什麼「香料」比其他毒品更可怕？

　　英國小報將那些人喚做「香料殭屍」（spice zombie）。他們也上了美國報紙頭條，理由是哈了太多「假大麻」。至於在其他國家，則稱他們施用太多「合法興奮劑」。這些人的典型症狀是虛脫無力或意識不清，被人匆匆地送進急診室，人數通常會在一、兩天內快速增加。

　　哪種藥物造成這種問題？答案是合成大麻素，這種藥物的機轉跟天然大麻相似、找上人腦內相同的受體結合，但藥效更強烈，也更具成癮性。它的主要產地是中國，製成粉末後船運到各國，然後撒在乾燥的葉子上吸食。2018年，英國全境二十位警察局長聯名提出公開信，表示這種被俗稱為「香料」（Spice）的藥物類型，「是英國公共衛生數十年以來所面臨最嚴重威脅之一」。

　　香料所造成的最大問題，是它對施用者的影響無法預期，其中一個理由是香料所含的化學物質常常改變。目前已知有上百種合成大麻素，新近研發的相當容易製作。中國當局曾經禁止香料使用的某些化學物質，但製造商旗下的實驗室藉由調整產品成分來逃避規範。此外，噴灑粉末時可能會分佈不均，導致即使是同一批貨也會有明顯的藥效差異。其

他疏失也可能造成嚴重的問題，例如2017年在英國曼徹斯特所販售的香料，其中的化學物質濃度突然暴增十倍，推測是某人在製作時看錯成分表上的小數點。

綜上所述，導致香料的藥效和持續時間會有極大的分歧，讓護理人員、醫院和警察在應對上都增添了複雜性。香料通常還會造成使用者偏執妄想和精神不穩定，讓某些人變得有暴力傾向。

更嚴重的是，戒除香料比戒除其他毒品更困難。首先，部分香料成癮患者不認為自己是毒蟲，覺得這跟哈大麻帶來的傷害差不多。美國跟英國不同，並未將合成大麻素完全列為違禁品，只有禁止販售特定產品，這個觀點或許有一部分是基於美國商家將香料轉製的商品以草本薰香名義出售。

志工在協助遊民藥癮患者時，面臨另一個問題。如果是海洛因成癮患者，他們每天通常會有四、五個小時神智清醒；但香料成癮患者常常是終日腦袋一片迷茫，因為他們一有香料菸就抽個沒完。而且香料跟海洛因的狀況不同，至今沒有發現像美沙酮這類能協助戒癮的替代品，導致戒斷過程中只能採取對症療法，使用其他藥物來緩解疼痛、改善腸胃不適與精神問題。

目前香料的普及程度仍不如其他非法藥物。在2017到2018年，英國十六歲到五十九歲人士之中，只有0.4％表示曾施用非法藥物（包括香料）。在美國，7％高中生嘗試過

香料，但有36％哈過大麻。不過英美許多城市都發現香料施打在遊民階級已日益嚴重，許多狀況下遊民原本就有藥癮問題，樂於嘗試其他更便宜又能讓他們感覺度年如日的藥物。

在工作或人身自由仰賴藥物檢驗過關的人士之中，香料也取代了其他非法藥物的地位。標準藥檢無法測出合成大麻素，所以受刑人、假釋者、軍人都陸續從原本使用的大麻、海洛因和古柯鹼轉投香料陣營，隱藏他們的「私人嗜好」。不過由於香料配方變化無常，帶給施用者的「驚喜」出乎預料，這個策略存在風險。

探訪西非國家茅利塔尼亞內任一間女子監獄，你會發現受刑人的罪行清一色是「被強暴」，有些囚犯甚至還只是小孩。她們時常身懷六甲，卻又無法證明自己遭人脅迫，於是被安上「婚姻外性行為」的罪名。這個現象的原因包括社會文化上向來無視女性的證詞，以及一組被稱為「齊納」（zina）的伊斯蘭教法。

齊納法在伊斯蘭諸國施行程度不一，而齊納是伊斯蘭的法律用語，代表「非法的性行為」，出處散見可蘭經和聖訓（Hadith，為先知穆罕默德的言行錄）。信奉齊納伊斯蘭教的帝國，如土耳其帝國、蒙兀兒帝國和薩法維帝國，分別對齊納有不同的定義，但通常用來指稱外遇和婚姻外性行為，強暴受害者也在內。

過去觸犯齊納法所面臨的懲罰，包括鞭刑和石刑至死。儘管現代多數伊斯蘭國家已沒有那麼保守，觸犯齊納法仍必須入監與繳納罰款。齊納法的普及程度曾在二十世紀中葉衰退，當時各地反殖民運動蜂起，新成立的國家多半以歐洲法規的架構來擬定新的犯罪法規。但現在情勢為之一轉。倫敦大學亞非學院奇芭・米荷賽妮（Ziba Mir-Hosseini）和凡傑・

哈姆力克（Vanja Hamzic）的研究顯示，在伊朗革命事件之後，伊斯蘭主義席捲整個伊斯蘭世界，導致齊納法在二十世紀的最後二十五年，於幾個以穆斯林為主要人口的國家再度廣泛施行。

齊納法有時被提高到國法地位，有時則是社會私刑，甚至是親族主導，也就是所謂的榮譽謀殺（honour killing）。伊朗在1979年革命之後，齊納法不只被明文化，而且用字遣詞格外血腥，鉅細靡遺描述男女觸犯齊納法應如何處罰。巴基斯坦在1979年施行齊納法，做為軍政府首腦齊亞・哈克（Zia-ul-Haq）推動伊斯蘭化政策的一環，婚姻外性行為被視為觸犯國家法律。當地律師薩法・卡拉納里（ZafarIqbal Kalanauri）表示，數千名強暴受害者因而入獄。

齊納法對地位不穩固的女性造成最嚴重衝擊。在波斯灣周邊諸國，例如卡達和科威特，上百名女性移工因為觸犯齊納法而遭懲與囚禁，她們的「罪行」常常是被雇主強暴。有時候齊納法則是地方省分的保守派堅持施行，頑抗中央政府的改革派政策。例如在印尼西部的亞齊省，未婚人士可能會因為在公眾場合表達情意而遭到鞭刑。

根據非政府組織茅利塔尼亞母子健康協會所做的研究，該國40％的女性囚犯是因為婚姻外性行為入獄。許多受害者因為擔心受罰，選擇不通報自己被強暴；強暴犯雖然並非一定能逃脫法網，這個狀況至少讓他們比較容易否認犯行。

土耳其在嘗試加入歐盟的時候，擱置了一組受齊納法啟發而擬定的反外遇與婚外性行為法案，不過當地報導說，艾爾段總統（Recep Tayyip Erdogan）正在考慮重新提出法案，藉此討好支持他的保守派選民。

74 ———— 什麼是未宣報的情報官員？

一名前俄國間諜謝爾蓋‧斯克里帕爾（Sergei Skripal）及其女兒，在英國索爾茲伯里市遭到神經性毒劑攻擊。做為回應，英國在2018年3月14日，將位於倫敦的俄羅斯大使館內二十三名「未宣報的情報官員」（undeclared intelligence officer）驅逐出境。為表同仇敵愾與團結，美國也在同年3月驅逐六十名這類未宣報的密探；英國其他盟友（如澳洲與加拿大）也先後做出類似舉動。

這些「未宣報的情報官員」是什麼人？如果英國早就知道他們的存在，又為何不早點把這些人趕出國門？

外派的情報官員有兩種。第一種是「有宣報的」，他們以官方身分在該國大使館內工作。幾乎所有國家都會派遣這類情報官員至各國，做為母國與派駐國情報機構的中間人，協調諸如反恐之類的跨國行動。派駐國知道這些人的存在，會持續監控他們的活動。

第二種則是「未宣報的」，他們通常也在該國大使館內有職務，但名義上並不是情報官員，而是有其他官方身分，例如擔任政治與經濟領域的領事。既然他們沒有宣報為情報官員，理論上受到的監控會比較少，因此有較多活動空間來

獲取情報。此外，也有隱藏在大使館外、融入派駐國社會的秘密探員存在。

派駐國通常會對大使館內未宣報的情報官員睜一隻眼、閉一隻眼，畢竟他們也在其他國家做了同樣的事，而且如果你把這些人驅逐出境，你安插的同類人士也會被驅逐，正如俄羅斯在3月17日驅逐二十三名英國外交官。

不過，如果當局確信外國探員犯下罪行，例如斯克里帕爾及其女兒在英國遭到毒害的事件，能夠懲罰使館人員的手段也只有驅逐出境這一招，因為他們享有完整的外交豁免權。沒有外交官身分的秘密探員自然無從享受豁權，一旦落網可能被以間諜罪名起訴（在某些國家或許會面臨更悲慘的下場）。

情報機構的消息來源指出，過去十年俄國派遣至西方國家的未宣報情報官員穩定增加，目前在英國活動的人數已達冷戰時期的高峰。短期來說，2018年這波驅逐行動當然能暫時遏止俄國收集情資的能力，不過俄國勢必會試圖重新安插密探，西方的反間諜機構必須努力分辨這些新到任者的真實身分。

75 為什麼美國警長 這個職務的評價兩極？

　　喬・阿爾帕約（Joe Arpaio）在亞歷桑納州馬里科帕郡任職警長二十四年，直到2016年才連任失敗。由於執法政策上被抨擊有種族歸納（racial profiling）之嫌，以及在監獄管理與囚犯待遇方面引發爭議，阿爾帕約多次被州立法院與聯邦法院譴責，最終在2017年被裁定蔑視法庭罪成立，但川普總統很快就赦免他。後來阿爾帕約在2018年嘗試參加亞歷桑納州共和黨參議員初選，不過沒有成功。

　　阿爾帕約和理查・梅克（Richard Mack）是「合憲警長與治安官協會」（Constitutional Sheriffs and Peace Officers Association）的創辦人，兩人被右翼反聯邦人士視為「警長權力」的現世化身。在美國，警長（Sheriff）是一個兼具警務與政務功能的獨特職位，對某些人來說它還代表著反抗聯邦霸權的最後堡壘。為什麼美國警長是一個評價如此兩極化的職務？

　　警長的字源來自「shire reeve」，意思是郡選的保衛者，年代可追溯至英國在諾曼人入侵之前。在1066年諾曼人征服英國之後，警長的角色有所轉變，集調查員、下級法官、監管候審嫌犯的典獄長於一身。即便如此，它的功能仍隨時光

流逝日益衰減，於十九世紀現代警力機構興起後更是失去影響力。

不過，警長職務倒是在部分英國殖民地找到出路，一旦白人移民增加，警長的地位便越高。在人煙稀少、幾乎無人維持治安的地區，警長常是主要的執法單位，逐漸被視為在公權力不彰之時的秩序象徵，數十年以來的西方影劇編導也助長了這種印象。

警長通常是在鄉村地區任職，那些推崇警長價值的人士，多半也會反抗聯邦官員的權力。全美將近三千一百名警長是由當地人民直選產生，他們不受行政部門直接監管，僅對該郡選民負責。他們宣誓會捍衛憲法與其他法律，但各州對警長的角色定義各有不同。有些州的警長辦公室功能等同郡警局，其他州的警長則只負責管理郡立監獄或運送犯人等庶務。

基於警長的獨立性、缺乏聯邦監管，以及被視為契合憲法的特色，使右翼人士鼓吹這個職位的重要性。他們相信聯邦政府無權對地方政府施加大多數的聯邦法規，尤其是稅賦、槍枝管控與土地使用等議題。白人優越主義者兼牧師威廉‧蓋爾（William Porter Gale），在1960年代開始宣傳這套警長至上的理念，並推廣「地方武裝」（Posse Comitatus）運動，這個名稱來自一項警長被廢止的權力：動員「郡內武力」，追捕罪犯和逃逸奴隸。

　　蓋爾的理念幾乎與現代白人優越主義組織有直接相關，民兵化運動則引發奧克拉荷馬市爆炸案，一棟聯邦大樓被炸毀並造成慘重傷亡。近年有一股名為「主權公民」（sovereign citizens）的勢力增長，他們自認擁有與政府相等的權力，曾殺害數名在臨檢站值勤的警員與副警長。聯邦調查局、恐攻專家和其他執法單位，將「主權公民」視為美國本土原生的明顯恐攻威脅。

　　儘管阿爾帕約、梅克和其他人士維持「警長是憲法所載的終極仲裁者」的觀點，並且譴責暴力舉動，他們並未完全排除使用暴力。梅克於2012年在《丹佛郵報》的訪問中，表示：「使用暴力的可能性始終存在，但我祈禱不會發展到那個地步，我們不想那麼做。」

　　對聯邦政府抱持不信任感雖然不是主流意見，卻也絕非僅限於極端團體。阿肯色州西曼菲斯市的警察局長之子（同樣是警員），被信奉主權公民思維的人士槍殺，但這位局長對公共誠信中心（Center for Public Integrity）表示：「即使我同意多數他們倡議的內容。但執法單位並不是他們的敵人。」

什麼是GRU？

在俄羅斯情報機構的知名度方面，國家安全委員會（KGB）向來獨占鰲頭，電影和小說裡滿是他們派遣的惡棍；從作家約翰・勒卡雷（John le Carré）筆下的間諜首腦卡拉，到電視影集《冷戰諜夢》（The Americans）中的潛伏探員，皆是出自KGB之手。

不過，近來有另一批間諜開始受到聚光燈青睞。俄羅斯軍事情報總局（GRU）是俄國軍隊轄下的情報搜查單位，幾乎涉入俄國近年引發的各種風波，包括併吞克里米亞、擊墜行經烏克蘭空域的客機，以及在英國索爾茲伯里市試圖毒殺前間諜謝爾蓋・斯克里帕爾。這些異常活躍的軍事間諜是什麼人？

在蘇聯成立初期，布爾什維克派創設一個負責軍事情報工作的單位，並在1942年定名為GRU（縮寫來自「情報總局」俄文的拉丁轉寫）。當後來成為KGB的單位進駐接近外交部的耀眼大樓，被暱稱為「近鄰」的時候，GRU卻被流放到遠得多的破舊小房舍，也被貼上「遠鄰」的標籤。

不過GRU在二戰末期，成功滲透英國核子彈計畫和美國七十多個機構。於冷戰時期，也能在關鍵時刻看到GRU的身

影。當1962年古巴飛彈危機發生時，是GRU與時任美國總統的弟弟暨司法部長羅伯特‧甘迺迪（Robert Kennedy）建立幕後溝通管道。一年後英國的普羅富莫醜聞案（Profumo scandal），也有GRU涉入的跡象。

後來被拆解為負責國內安全的聯邦安全局（FSB）和負責境外情報的對外情報局（SVR）的KGB，知名度向來比較高，但GRU也有值得自豪之處：跟革命運動關係密切、具有豐富的武器與爆裂物使用經驗、甚至在人員訓練方面更嚴格。前GRU投誠者弗拉基米爾‧雷岑（Vladimir Rezun）於1986年出版的作品，描述了一部GRU播放給新人的影片：叛國者被綁在擔架上，活生生地送進火葬場。

俄國情報機構之間的鬥爭非常激烈。當KGB得知英國為了竊聽資訊而挖掘隧道至東柏林的大膽行動時，他們並未通報GRU已有二十五條電話線路遭監聽超過一年。歷史學家喬納森‧哈斯拉姆（Jonathan Haslam）寫道，兩個單位的敵對意識強烈到，「任一方的探員甚至無法確信能與另一方的黨羽安然相處」。

在俄國與喬治亞2008年的戰爭後，由於GRU未能獲知喬治亞軍持有新型對空飛彈，他們被削減預算與人力。但GRU的特勤部隊在後續的併吞克里米亞，以及2014年在東烏克蘭支持親俄分離分子時，都扮演了關鍵角色。GRU的駭客組織代稱為「魔幻熊」（Fancy Bear），在網路世界橫行無阻，從

德國議會到艾曼紐・馬克宏（Emmanuel Macron）的法國總統競選團隊，都能看到魔幻熊肆虐的蹤跡。

不過，魔幻熊也有一些行動反而自取其辱。2018年5月，一個名為「鈴鐺貓」（Bellingcat）的調查性網站揭露與在烏克蘭空域擊墜馬航客機一案有關的GRU官員姓名；這名倒楣的間諜把線上購物的商品送到GRU總部。兩個月之後，美國特別檢察官勞勃・穆勒（Robert Mueller）公佈十二名干預美國2016年總統大選的俄國駭客資訊，包括姓名、階級和地址。

偶一失足或許不至於使這個視「擁抱風險」為信條的組織改弦易轍，但GRU有其他狀況要擔心。近年GRU咸認有嚴重的叛逃問題，而各國大規模的驅逐行動，也大幅削減俄國間諜在西方受到外交保護的人數，使後續行動變得困難。英國甚至暗示要發動網路攻擊GRU的通聯與資金管道。詹姆士・龐德下一次冒險是否會扳倒GRU壞蛋？如果真的發生，那可能代表GRU的身價再度上漲了。

77 ——————— 哪些國家囚禁了最多記者？

　　2019年5月，被緬甸政府囚禁十七個月的兩名路透社記者瓦龍（Wa Lone）和喬索歐（Kyaw Soe Oo）終獲釋放。他們過去在調查緬甸政府鎮壓與迫害少數民族羅興亞人的事蹟，兩人皆因觸犯政府機密法而被判刑七年，那是一條殖民時期遺留下來的法律，容許任何政府資訊被列為機密。

　　儘管這兩名記者獲得釋放，他們被囚禁的事實卻彰顯了一項令人憂心的趨勢。根據總部設於紐約的非政府組織保護記者委員會（Committee to Protect Journalists）表示，2018年共有兩百五十一名記者因恪守職責所需而遭受囚禁。這是歷年以來第三次全球單年有超過兩百五十名記者下獄，儘管這也是在2015年之後第一次數字下降。

　　那些極力監控言論的政府，都依循相似的路徑去壓迫媒體與囚禁異議分子。2018年遭到囚禁的記者，有70％出自土耳其、中國、埃及、厄利垂亞和沙烏地阿拉伯政府之手，理由多半是顛覆國家政權。在一百七十二名被囚禁於那些國家的記者之中，有一百六十三名是無端被拘留或僅以「反國家」名義受到逮捕。根據保護記者委員會的紀錄，2000到2012年記者入獄人數呈現穩定增加的趨勢，從少於一百人提高到超過兩百三十人。

近年的新高峰在2016年發生，主要原因是土耳其。一場失敗的軍事政變加上後續政府主導的大清洗，導致許多媒體遭到查禁或被迫關閉。諸多定義模糊的法律條文，讓土耳其政府得以將所有報導任何型態恐怖行動的媒體，都貼上協助恐怖組織的標籤。光是土耳其一國，在2016年底便已囚禁了八十一名記者；到了2018年，儘管囚禁人數降為六十八名，土耳其仍然是全球囚禁最多記者的國家。

　　這些被土耳其囚禁的記者，只有一人的罪名不是陰謀顛覆政府。其中三分之一過去是在報導體壇消息，但土耳其認定他們的行動有害當局。不過，以陰謀煽動這樣可議的罪名逮捕記者雖然令人憂心，2018年入獄人數下滑的現實，或許能讓大家對未來多抱持一點希望。

監獄擴張

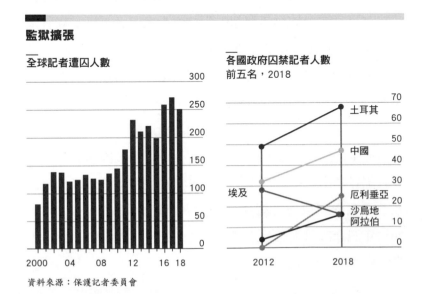

全球記者遭囚人數

各國政府囚禁記者人數
前五名，2018

資料來源：保護記者委員會

經濟學人107個全球搜密

PART EIGHT

醫療新知：
健康、死亡與疾病

Q **為什麼性病在美國不減反增？**

　　（1）更具傳染性的新病出現

　　（2）藥物進步促使男性不帶套

　　（3）過往疾病突變成新種

　　（4）公衛防治支出縮減

——答案詳見P.238

Q **什麼是疫苗引發的小兒麻痺？**

　　（1）疫苗病毒活性過高

　　（2）疫苗劣化引發病毒突變

　　（3）病毒在接種與傳播時自然突變

　　（4）製程不佳造成的人為疏失

——答案詳見P.255

　　沙洛姆・汪那努（Shalom Ouanounou）是何時死亡的？
加拿大安大略省一個法庭接獲申訴，必須為此事裁定。這名
加拿大二十五歲男子在嚴重氣喘發作後腦死，而汪那努的醫
生宣告他的死亡時間是2017年9月，也就是醫生評定他必須
藉輔助器才能呼吸的那一刻。然而汪那努的家人認為他死於
五個月後的2018年3月——他的心跳與呼吸中止時。掌管死
亡標準的法律已遭到多個案例挑戰，汪那努是其中之一。各
國究竟該如何處理死亡定義的問題？

　　曾經有很長一段時間，死亡的定義很簡單，沒有脈搏與
呼吸就是標準跡象。因為現代醫學的進步，這種標準在1950
與1960年代改變了。當時首度有機器能在個體失去心跳與呼
吸之後持續推動血液在動靜脈間流動、維持肺部通氣。1968
年，哈佛醫學院的一個委員會建議以腦死為死亡的標準定
義。今天絕大多數的西方國家都認為一個人腦死時即死亡。

　　至於該如何判定腦死？一是呼吸與脈搏中止（因為腦部
凡缺乏兩者其一就無法運作），另一個方式是由醫生評定腦
部功能是否永久且不可逆地喪失。政策制定者與絕大多數醫
生會聚焦於腦部，有三個原因。第一是西方社會很強調心智

的重要性，腦被視為心智功能的代表。第二是使用維生系統的成本很高。最後一個原因是為了方便器官移植：只要氧氣仍在人體內循環，就有較多器官能在保有使用價值的情況下摘除。

不過現在有多個案例在挑戰這種把腦部活力視為死亡判準的想法。有些人著眼於事實考量，爭辯說即使已宣判腦死，部分由腦部調節的身體功能仍可運行（例如月經）；同時也擔憂，為確保器官可用於移植，會被過早宣告死亡。

不過最主要的挑戰是針對死亡本身的定義，在許多案例裡，都是來自宗教信仰。例如汪那努所屬的正統猶太教派認為，死亡的唯一標準是心跳呼吸都停止，部分穆斯林也抱持相同信念。另一個加拿大的案例跟基督信仰有關，當事人塔綺夏・麥奇地（Taquisha McKitty）2017年用藥過度後被宣判死亡。麥奇地的家人說她相信靈魂只要有心跳就存在，而她的心臟有醫療儀器輔助，在被院方宣布死亡後仍繼續跳動。其他案例則是因為不同的個人或社群信念。日本就遲遲不願視腦死為死亡，部分原因是日本文化很看重人身的整體，不像西方只專注於心智。

有些司法裁決單位已找到因應挑戰的方式。美國紐澤西州規定，如果醫生在有理由相信這會與病人的宗教信念相抵觸，就不得以不可逆的腦傷為由宣告病人死亡。以色列在2008年採用腦死為死亡的認定標準，但仍准許病人保留一些

在腦死與心肺功能停止間選擇的餘地（如果他們明確自陳過意願）。美國紐約州指示醫生展現「合理的通融」，除了面對因宗教信仰而反對腦死標準的說法，也要通融道德上的其他異議。日本為因應嚴重的器官短缺，在1997年制訂了一套法律，讓明確表達過捐獻器官意願的人可在腦部功能停止時被宣判死亡。

少數人爭論道，為了讓社會運轉無虞，死亡一定要有明確的定義。但汪那努這類案例帶來的挑戰也顯示，各國應考慮讓人民（在一定限度內）有國家定義以外的選擇，只要他們事先明確表示過意願。紐約這類已這麼做的地區，尚未遭遇任何特殊困難，由此可見，這對其他司法管轄單位來說或許也是可行之道。

79 —————————— 什麼是X疾病？

世界衛生組織從2015年開始，每年都會發布《優先防治疾病藍圖》（blueprint priority diseases）清單，根據傳染潛力或缺乏充分防範措施的程度，列出需要世人立即關注的疾病，最多會列出十種。這份清單一貫含有如今已為人熟知的某些致命病毒，例如伊波拉、茲卡和SARS，此外也有拉薩熱與馬堡病毒等較不知名的疾病。2018年的清單與以往不同的是，除了前述的常客，還列入一種「X疾病」。這種神秘的疾病究竟是什麼？又為什麼會上榜呢？

2018年這份名單叫做傳染病預防研發藍圖（R&D Blueprint），而世衛組織最初會開始擬定這個清單，是因為2014年的伊波拉病毒導致將近兩萬九千人感染、超過一萬一千人死亡。這份名單是為了警告各國政府，在因應流行傳染病時，研發是不可或缺的要項。當年伊波拉疫情在西非爆發時，所有人都猝不及防。

「X疾病」代表未定的任何一種疾病，世衛組織將它列入防治清單是為了提醒各國，疫病爆發未必是來自某個已確認的病原，而是像該組織所坦承的，「嚴重的國際大流行可能由某種目前未知的致病原引起」。

專家學者已經體認到，想要盡快找出疫苗，得預先開創所謂的「平台技術」，這有賴科學家發明能視情況訂製的疫苗配方。當傳染疫情爆發時，科學家可以標定出特定病毒獨有的基因序列，並將正確的序列輸入平台、創造出新的疫苗。以伊波拉為例，這表示有效疫苗能在十二個月內研發出來並通過測試，而不是一般所需的五到十年。

　　X疾病隨時隨地都能爆發，可能是流行性感冒這類已知疾病的突變型。1918年爆發了惡名昭彰的西班牙流感，是史上死亡人數最多的疾病大流行之一，有五億人感染、超過兩千萬人死亡。X疾病亦可能是傳染初始尚不為人知的動物傳人疾病，例如人類免疫不全病毒自1983年起由黑猩猩傳給人類，至今已有七千萬人感染、超過三千五百萬人死亡。X疾病也可能由人類刻意製造與傳播；生物戰並非新鮮事，蒙古人在1346年圍攻克里米亞半島上的卡法（Caffa）城時，就曾把死於鼠疫的屍體投進城裡。到了近代，包括美國在內的十六個國家都有製造生物武器的計畫，或許也正在發展。

　　即使〈禁止生物武器公約〉（biological weapons convention）在1972年問世，北韓據信仍握有包含炭疽病、天花、鼠疫在內的十三種生物戰劑，並且有能力將其轉為生化武器。2014年，一部從伊斯蘭國（Islamic State）聖戰士手中截獲的電腦內存有指示，教人如何從染病動物身上蒐集鼠疫病原，當作大規模毀滅武器。

　　從英國索爾茲伯里市發生的前俄國間諜毒殺案可以看出，我們對防備生化戰的投資有多不足。2002年，美國時任國防部長唐納・倫斯斐（Donald Rumsfeld）提出「已知的未知」一說而遭人訕笑。在今天，這類「已知的未知」之一叫做X疾病，而現在沒有人敢戲謔以對了。

80 ──── 為什麼性病在美國不減反增？

近年來，媒體常以大標題哀嘆年輕人已不再熱衷性事，不過性病病例在美國卻大幅增加。從2000年到2016年（有資料可考的最晚近年度），美國的披衣菌感染率增加了98%，而公衛學者曾以為幾近根除的梅毒，感染率增為四倍。淋病的感染率從2000年到2009年下跌了24%，但從2009年起又提高了48%，不只逆轉之前的跌幅還大幅增加。

性病的感染科學原理既沒有改變也不複雜，和染病者進行無防護措施的性行為就會中鏢，但今日的民眾似乎毫不擔心這種風險。就異性間的性行為而言，這有可能是子宮內避孕器這類長效避孕措施的使用增加，降低了意外懷孕的風險，使年輕人不再擔心懷孕，覺得可以從此拋開保險套。不意外地，新增病例中的年輕族群是不成比例的多，但精力旺盛的老人家也有類似麻煩，畢竟他們也沒有意外懷孕的困擾，容易卸下防備。過去十年間，美國六十五歲以上老人的淋病患病率增加了73%。

性病增加的案例有部分來自同性戀或雙性戀男性。這些性傾向族群比例不高，根據美國疾病管制與預防中心的統計，他們在2016年男性梅毒患者中占81%。如同異性戀，

他們也認為性行為染病的風險降低了。這是因為接觸前預防（PrEP）類藥物的問世，男同性戀可以服用這種雞尾酒療法類的預防性藥物，大幅減少感染愛滋病毒人類免疫缺陷病毒的風險。感染愛滋病毒的風險降低，加上陽性診斷已不再等同於死刑宣判，似乎都鼓勵男性卸下防備。

醫學期刊《柳葉刀》（Lancet）刊載過一份關於同性戀與雙性戀男性的研究，發現隨著更多人開始服用接觸前預防藥物，性交時一律使用保險套的比率從46％降為31％。其他研究也顯示，服用接觸前預防藥物與性傳染病患病率增加有極大相關。

從以上種種可以見得，性行為常態的改變、民眾不再那麼畏懼無防護措施的風險，似乎都是罪魁禍首，尤其這狀況並非美國獨有。英格蘭在2017年的梅毒確診例也增加20％，淋病則增加了22％。其他西歐國家更糟，有些患病率增幅超過50％。預防性病的公共支出縮減也無助於控制情勢，這項支出在美國自2003年以來的實質金額已減少40％。

預防性病的主要方法是禁慾和使用保險套，都已證明有實效。如果這些選項看來太過純潔或可笑，那麼伴侶應該在辦事前先做性病篩檢（尤其是大多數的性病只要用簡單的抗生素療程就能治癒）。確實有效的篩檢至關重要，因為口頭保證並不可靠，尤其是在對方想逞一時之快的當口。

── **老年生活的健全和參與文化活動有什麼關聯？**

2018年的電影《高年級姊妹會》（Book Club）有如一則寓言，告訴我們長者閱讀好處多。片中四名主角都是七十多歲的女性，各自遭遇私生活或職涯困境，不是痛失親友就是心懷孤獨或懊悔。後來其中一人帶著《格雷的五十道陰影》來到她們每月一次的讀書會，情況才有所改觀。這部情色小說激發了這群女性、鼓舞她們熱情追求生命中缺乏的事物。

現實生活中鮮有讀書會具備這種回春效果，不過這部電影的觀點完全正確──參與文化或創作活動讓人在晚年過得更滿足。英國慈善組織高齡英國（Age UK）針對一萬五千名年過六十歲的英國人進行調查，並根據所得資料製作一份生活健全指數表。該組織的研究人員發現，有一組由四十個社經變數組成的指標，最能預估長者的整體生活品質。

這是使用一種叫做結構方程模式（Structural-Equation Modelling）的統計法，檢驗一組多種變數之間的關係，並為每個變數分配權重。每人根據這個指數表計算所得的健全總分，跟他們對生活的滿意度密切相關（這個滿意度也是調查的一部分）；這個指數計算模式並未把主觀滿意度納入詢問，因為統計人員希望得出一個客觀的生活品質測量法。

不意外地，高齡英國發現財富、健康、教育和情感支持都對老年人的健全狀態有顯著影響，但在所有變因維持不變時，參與創作與文化活動的數量影響最大。雖然資料沒有明示哪類藝術活動最有助益，不過從這項調查可知，樂於嘗試從攝影到演奏樂器等各種活動，與較佳的生活品質極為相關。高齡英國的研究顯示，這類活動能帶來成就感、娛樂和社交接觸，不從事這些活動的老人，日常生活中就會缺乏這些東西。

比起健全指數排在最後20％的受訪者，排名前20％的受訪者所從事的藝術類嗜好明顯較多，他們在受訪前一年看戲劇表演的可能性是四倍，參觀藝術展覽的可能性則是七倍。高齡英國表示，改善交通接駁、在文化機構安排更適合銀髮族的節目，並鼓勵長者參與藝文活動（或許能透過醫護人員提出建議，或是在鄰里的商店中張貼廣告），都可以縮小這些參與差距。別的不說，E・L・詹姆絲（E.L. James）那本情色小說至少很容易買到吧。

熟年之樂

60歲以上英國人在受訪前一年做過的活動，占整體活動的%

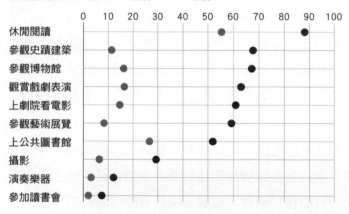

在健全指數表中的排名　●最後20%　●最前20%

資料來源：高齡英國

82 ──────── 為什麼美國人的睡眠時間
變長了？

　　負責守護美國國民健康的疾病管制與預防中心，在2014年宣布睡眠不足為全國流行病。該中心認為人體正常運作需要每天七小時的睡眠，並擔憂睡眠充足的國民不多。不過美國勞工統計局（Bureau of Labour Statistics）在2018年7月發表的數據顯示，整體來說，美國人的休息時間似乎增長了。

　　勞工統計局請兩萬五千名具有樣本代表性的美國人，記錄他們一天中的活動與所用時間，得到的數據證實，從2003年到2017年，美國人的平均睡眠時間每年會增加一分鐘。一名普通美國人如今每晚會睡八小時又四十八分鐘。

　　睡眠時數增加部分或許是因為人口老化：美國人的平均年齡在2017年比2003年多了兩歲。根據年齡繪製的睡眠模式曲線呈U字形：年長與年幼者睡得最多，中年人睡得最少，這種睡眠時間差異在男性身上更為明顯。三十五歲上下的男性每晚比同齡女性少睡大約十五分鐘，不過兩性到了七十多歲的平均睡眠時間就相同了。

　　不過就如同美國的很多其他面向，睡眠不平等的情況也很嚴重。令人欣慰的是，大約有半數美國人能夠一夜好眠：每晚可以睡足八～十小時。有八分之一的美國人每晚睡眠時間不到七小時，但也有相似比例的人每晚睡超過十一小時。

美國夜未眠

美國每日平均睡眠時數

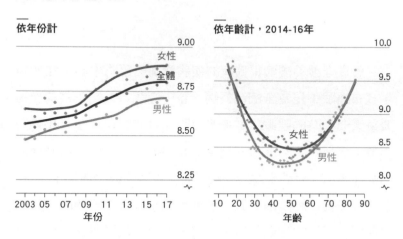

依年份計

依年齡計，2014-16年

資料來源：勞工統計局；整合公共微觀數據庫（IPUMS）；《經濟學人》

83 ── 智慧型手機與年輕人孤獨感加深有什麼關聯？

富裕國家的醫生與政策制訂者越來越留意孤獨問題。個人所感受到的社會隔離，是研究人員對孤獨的定義：個人覺得未獲得自己想要的社交接觸量時，這種感受就是孤獨。為了找出多少人有這種感受，《經濟學人》與美國非營利健康組織凱澤家庭基金會（Kaiser Family Foundation）合作，在三個富裕國家分別訪調一組具有全國樣本代表性的民眾。調查結果發現，在日本有9％、美國有22％、英國有23％的成年人總是或經常感到孤獨，或缺乏陪伴、自覺遭到忽略與孤立。

科技是這個當代議題的罪魁禍首之一。年輕人的孤獨感之所以加深，要怪罪智慧型手機與社群媒體。這個說法似乎有道理。經合組織是一個主要由富裕國家組成的團體，據他們提供的資料，在2003～2015年之間，幾乎每個成員國的十五歲國民在學校感到孤獨的比率都升高了。

智慧型手機是很方便的代罪羔羊。從2009年開始，美國青少年與家長一同出遊的比例就急劇下降，那正是手機開始普及的時候。有種說法就指出年輕人都在網路交際，不再面對面聯誼。

不過網路未必讓青少年感覺更孤單。Snapchat跟

Instagram或能幫助他們感到與朋友更有連結。在凱澤基金會與《經濟學人》調查中自陳覺得孤獨的人，認為社群媒體能減輕與加深孤獨感的比例大約相當。有些心理學家說，當我們滑過其他人精心挑選放上網的照片，會讓人感到孤單與錯過人生。目前還不清楚重度使用社群媒體究竟會讓人更孤獨或恰好相反。

近年來針對英國青少年使用社交媒體所做過最縝密的研究，是2017年由安德魯・普西比斯基（Andrew Przybylski）與尼塔・韋恩斯坦（Netta Weinstein）發表的一篇論文，他們發現「適量」使用智慧型手機與身心健全程度之間並沒有關聯。兩位學者也得到證據支持他們的「數位金髮姑娘假說」：不多也不少的螢幕時間，或許是最佳使用之道。

孤獨誰人知

2018年4-6月，自陳孤獨的%

表示自己總是／經常覺得孤獨、
被忽略或被孤立的比例，
以及認為這是困擾的比例

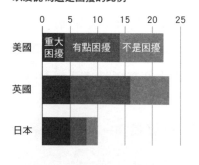

自認孤獨／社交孤立的受訪者對
「社群媒體減輕或加深了你的孤獨感？」
的回答

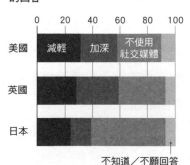

資料來源：凱澤家庭基金會；《經濟學人》

84 ── 什麼是「放棄求生症候群」？

　　澳洲為應對外籍流亡人士問題，擬定了「主權邊界行動」方針，在太平洋小島諾魯（Nauru）設置離岸處理中心，專門接收企圖搭船抵澳尋求庇護的難民。目前島上住有大約八百名這類「船民」。

　　慈善組織無國界醫生（Médecins Sans Frontières）曾進駐諾魯島十一個月，並統計有七十八名難民曾試圖自殺、自傷或曾有過念頭。不過諾魯島政府在2018年10月禁止無國界醫生在島上提供心理健康服務，宣稱政府能處理（之後又控訴無國界醫生暗藏「反對離岸處理方針的政治意圖」）。被驅離的精神科醫師擔憂，諾魯政府這個決定可能會損及人命。他們最憂心的是在被拘留孩童身上出現的創傷性退縮症候群，又名放棄求生症候群（resignation syndrome）。這是一種怎樣的病症？

　　目前我們對這種心理狀況的了解很少。它主要見於兒童──首先會出現憂鬱症狀，接下來變得退縮不與人接觸，最終不再走動、進食或說話，逐漸大小便失禁。在最嚴重的案例裡，他們會進入一種看似無意識的狀態，對疼痛或其他刺激毫無反應。瑞典從1990年代開始，有數百名移民兒童在

面臨可能被驅逐出境的情況時，被診斷出這種病症，有些人數年都處於這種缺乏生氣的狀態。

除了上述案例，別的地方幾乎沒有這種症候群的診斷紀錄。例如，雖然不清楚原因，澳洲其他外籍人士拘留中心的移民並未出現這種症候群。納粹集中營裡曾有過類似放棄求生症候群的案例紀錄，但這些個案從未被正式確診罹病。

醫生認為這種症候群是面對壓力與無望所產生的反應，這多少能解釋它為何出現在諾魯島上——部分「船民」因為澳洲政府的無限期拘留程序已在島上受困五年，這種作為已被聯合國判定違法。即使其中有些難民聲稱自己獲准入境，澳洲仍拒絕接受，並設法將他們改送往別國。無國界醫生拒絕說明諾魯島上有多少苦於放棄求生症候群的兒童，2018年8月出版的一份報告推估至少有三十名。

澳洲非營利法律服務中心全國正義計畫（National Justice Project）在2018年帶領三十五名兒童離開諾魯島，並估計其中有七名兒童苦於「創傷性拒絕」的症狀，也就是放棄求生症候群的另一種說法，另有三名兒童精神失常。

瑞典的經驗讓人擔心這種症候群的感染力。該國研究人員假設這種疾病會被文化環境催化：兒童很可能會用解離應付創傷。諾魯島醫院的設備不夠應付難民的大量心理健康問題，他們只有一位不諳英語的精神科醫師，也沒有床位安置企圖自殺的病患。無國界醫生貝絲‧歐康納（Beth O'

Connor）是被踢出諾魯島的人員之一，她認為對那些被無限期拘留的人來說，「沒有任何治療方法」。

2018年10月，澳洲有一小群保守派政治人物違背黨意，公開呼籲遷移諾魯島上的所有兒童（被轉介臨床治療的兒童的確都被帶離了）。2019年2月也通過一部法案，在評估難民是否該撤到澳洲本土接受醫療照護的過程中，賦予醫生更多決定權。然而造成這種人道危機的政策不會中止，澳洲的兩大主要政黨都支持「主權邊界行動」，宣稱這套方針能防範更多難民死在海上。

⬡85 —— 基因工程如何能根除瘧疾？

　　基因驅動（gene drive）本質上是一種特別自私的基因。絕大多數動物的大部分基因都有兩個，分別位於由父母親各提供一個的成對染色體上。不過動物只會把成對基因中的一個放入配子（精子或卵子）裡，從母系或父系的基因隨機挑選。可是有些基因會破壞這種隨機性，好進入超過50％的配子裡，由此產出的子代也有超過50％會帶有這種基因。

　　1960年，美國昆蟲學家喬治・克雷格（George Craig）提出，這種破壞性的基因或許是控制帶病原蚊子族群的一種方法，例如我們能藉此使蚊子生下雄蚊而非雌蚊。2003年，倫敦帝國學院的奧斯丁・柏特（Austin Burt）描述了一種基因驅動如何能在染色體上切出一個空缺，再經自我複製後填入缺口中。在適當情境下，這可能會促使物種滅絕。

　　這是個很誘人的想法，但很難付諸實行，直到2012年，強大的「CRISPR-Cas9」問世了，這個新款基因編輯工具突破僵局。使用CRISPR-Cas9進行的基因驅動工程能輕易對準染色體上的特殊片段操作，並且將基因完全吻合地插入染色體的空缺中，確保每個配子都帶有特定基因。

　　到了2016年，基因驅動已經在酵母菌、果蠅與兩種蚊

子身上成功操作過。2018年9月，柏特、安德亞‧克里山第（Andrea Crisanti）與帝國學院的同僚在《自然生技》（Nature Biotechnology）期刊發表論文，他們操作的其中一次基因驅動能導致密閉空間裡的一小群甘比亞瘧蚊滅絕──這是首次有基因驅動證明能做到這件事。

用基因驅動改造過的物種是否該釋放到野外？此事還有很多爭議，所以接下來得做的是，在密閉空間中試驗更大量的族群。

驅動式殺戮
基因驅動如何能迅速改變整個族群

一般的基因改造
只插入單個染色體的基因，
有一半機率傳給子代

基因驅動
把一個基因插入
單個染色體後，
該基因會自行
複製並插入
另一個染色體

基因驅動蚊子

切除染色體片段

插入並復原

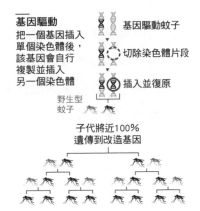

資料來源：《自然》

為什麼1918年的大流感導致那麼多人死亡？

　　流行性感冒的大規模傳染在1918年首度聞名於世，就算這不是人類史上最嚴重的災難，應該也造成了二十世紀最慘重的傷亡。引發這次流感的病毒感染五億人，超過當時地球人口四分之一，死亡人數則介於五千萬到一億之間。等這場大流行在1921年趨緩，全球人口已因此減少2.5～5％。相較之下，因第一次世界大戰死亡的約有一千七百萬人，在第二次世界大戰中死亡的約有六千萬人。為什麼1918年的大流感如此致命？

　　這個難題讓科學家思索了超過一個世紀，因為在大流感的歷史上，1918年那次是個異數。在過去五百年間，歷史上估計有過十五次疫病大流行，不過患病與死亡人數直到十九世紀晚期才開始被有系統地收集。自1889年起有紀錄的五次流感盛行裡，除了1918年，沒有一次的死亡人數超過兩百萬人。平均來說，因為罹患流感致病的患者只有0.1％會死亡，主要死因是嚴重的呼吸窘迫，而1918年流感的患者死亡率在5～10％之間。

　　1918年大流感為何如此異常，有兩大理論。第一種理論根據多條線索判斷，引發那次流感的病毒本身特別強大。

1918年流感病毒的基因組在2005年完成定序，使用的是從埋葬在阿拉斯加墳場的病患身上取得的病毒標本，這種病毒也在定序時被活化。劍橋大學病毒學家爾強‧德維杜伊斯（Aartjan te Velthuis）與同事證明，比起溫和的季節性流感病毒，這種1918年流感病毒在以不完整的程序複製遺傳物質RNA時，產生的小分子RNA片段（miRNA）明顯較多，跟危險的H5N1禽流感病毒一樣——這是一種會鳥傳鳥與鳥傳人的病毒。

這些miRNA會與人體內負責辨識病毒的RIG-I受器結合，引發免疫反應。miRNA愈多，免疫反應愈強烈，也就導致比較嚴重的發炎症狀。1918年流感病毒與H5N1病毒都以引發嚴重肺炎聞名：1918年大流感有那麼多人死亡，是因為病毒本身很毒或因為它引發的免疫反應很強烈，目前還沒有定論。

第二種理論認為有病毒以外的因素在作祟，例如當年流感爆發時的世界情勢。美國肯塔基州路易斯維爾大學的演化生物學家保羅‧厄瓦（Paul Ewald）就表示，這場史上最致命的大流感發生時正值世界大戰，絕非巧合。從演化觀點來看，對流感這類在人類間直接傳染的病毒來說，最佳生存策略是降低毒性好讓宿主存活得夠久，讓它得以在這段期間盡可能感染更多的其他宿主。

不過戰爭可能介入了這個感染過程。在西方戰線（Western Front）戰區，大批年輕男性被壕溝困在同一地點數天到數週之久。厄瓦博士認為，在這些情境中，病毒必須緩和毒性的壓力就解除了。

　　這兩大理論完全不互斥。若說我們能從1918年大流感學到什麼有用的教訓，或許是戰爭最糟的後果有時很出人意料，可能以橫掃全球的致命疾病之姿出現。

⬡87 ——— 什麼是疫苗引發的小兒麻痺？

　　全球多個衛生組織在上世紀發起根除小兒麻痺運動三十年計畫，至今已進入成功的倒數階段，現在卻又出現令人擔憂的新現象：由疫苗引發的小兒麻痺。這類案例極為罕見，但正引起愈來愈多的關注，因為由野外病毒引起的病例已逐漸消失。2017年，由疫苗衍生病毒而發病的個案首次超越了野生病毒的病例。2018年的統計更顯示驚人的翻盤：疫苗導致的小兒麻痺感染有98例，野外病毒感染是29例。究竟什麼是疫苗引發的小兒麻痺呢？

　　小兒麻痺疫苗有兩種。一種是富裕國家使用的注射型疫苗，內含死亡的病毒，注入人體後會促使血液中產生抗體。接種過的人如果攝入野外病毒（例如喝下被污染的水），有抗體保護就能免於患病，不過在攝入病毒後的數週間，人體腸道內的野外病毒仍可以感染其他沒有免疫力的人。

　　另一種口服型疫苗含有的則是弱化的活病毒。這種疫苗促成的抗體會留在腸道中打擊被攝入的野外病毒，使得病毒較不能再度傳播。所以口服型疫苗在某些地區是比較好的選擇，例如貧窮國家，因為小兒麻痺病毒在這些地方很普遍，疫苗接種率又很低。此外，服用口服型疫苗的人會在接種後

數週間把弱化的病毒排出體外。要是有人接觸到這些被排出的弱化病毒，也能獲得免疫力，並且可以再傳給其他未免疫的人。

這種被動式接種有很多好處，但也有其限度。隨著弱化病毒從一個未接種的人傳到另一人身上，出差錯的機率也增加了。病毒在傳播過程中會突變，大約在一年後可能變成使人癱瘓的菌種，跟天然病毒很相似。這就是疫苗引發的小兒麻痺。

小兒麻痺病毒有三型，其中第二型病毒最容易產生這類突變。在口服疫苗病毒突變而引發的小兒麻痺病例中，有90％的禍首是第二型病毒。所以在2015年，當野外的第二型病毒宣告根除時，停止服用第二型病毒疫苗是很合理的決定。2016年，全球有155個國家同步協調作業，在兩週期間，把含有全部三型病毒的口服疫苗庫存全數更換成不含第二型的版本。為了保護民眾免於感染仍在流傳的第二型疫苗病毒，前述各國也在例行接種清單上列入小兒麻痺注射型疫苗。不過疫苗涵蓋範圍仍有漏洞，使得突變的第二型疫苗病毒無法根除。

2018年，這些病毒在剛果民主共和國、奈及利亞、尼日、索馬利亞都導致感染發病的案例。根據致病病毒株所做的基因體分析顯示，這些病毒已經跨國傳染，這對疫苗衍生的小兒麻痺病毒來說十分罕見，有些在未被檢出的情況下已

流傳長達四年。衛生官員擔憂鄰近國家也可能爆發疫情。

　　這對非洲來說可謂一大挫折。非洲大陸最後一個因感染野外小兒麻痺病毒而不良於行的病人，是一名在2016年染病的奈及利亞兒童。所以說，小兒麻痺的野外病毒很可能已經在非洲根除了，這使得阿富汗和巴基斯坦成為這種病毒的最後據點。

　　從疫苗衍生病例的爆發看得出來，小兒麻痺的最終根除時間可能比悲觀預測還會來得更晚。等野外小兒麻痺病毒滅絕之後，注射型疫苗將全面取代口服型疫苗。不過為了防範殘存的疫苗衍生型致病病毒，我們還需要這些疫苗多久仍不得而知。

綠色景象：
環境保護的大小議題

Q 為什麼德里的空污這麼嚴重？

（1）冬日無風吹不散霧霾

（2）燒田整地是農人慣例

（3）人口眾多有龐大污染源

（4）以上皆是

——答案詳見P.268

Q 為什麼所有的商業飛機不全改用永續燃料？

（1）成本過高且無強制規定

（2）機場老舊沒有對應設備

（3）欠缺適合飛航用的永續燃料

（4）社會給予的壓力不足

——答案詳見P.262

—— **為什麼世界上這麼多珊瑚死亡？**

自2016年以來，全世界將近五分之一的珊瑚已經死亡。一些專家相信，現在的珊瑚總量只剩四十年前的一半。澳洲大堡礁北部三分之一區域當中，超過三分之一的珊瑚在那時死亡。[*]珊瑚既不是石頭也非植物，牠是一種動物。我們看到一小塊的珊瑚，其實是由上千個稱作珊瑚蟲的無脊椎動物所組成，其大小從幾公釐到幾公分都有，視種類而定。牠們所建構的礁石支撐了整個海洋生態系統，所以珊瑚死亡是很嚴重的問題。到底發生了什麼事？

有許多因素導致珊瑚死亡，海洋垃圾是其中之一。垃圾碎片會遮住陽光，尖銳的稜角也會割傷珊瑚蟲的細胞組織。塑膠垃圾通常會搭載並散佈細菌，一篇發表在學術期刊《科學》的報告發現，十分之九被塑膠寄宿的珊瑚都有生病的徵兆。沿岸建築工地所產生的淤泥，會流入海裡覆蓋珊瑚，造成珊瑚窒息死亡。

過度捕撈也是一個大問題，因為把魚類從食物鏈排除後，大型肉質性海藻得以擴張地盤，進而擠壓珊瑚的生存空間。這種大型肉質性海藻可以從污水系統與農場排放出的廢水中獲取養分，使問題變得更嚴重。當珊瑚幼蟲四散游出，

---

[*]譯注：指2016年澳洲熱浪事件。

還來不及找到新家時，這些污染源所挾帶的細菌就讓牠們一命嗚呼了。

但對珊瑚最致命的威脅，其實來自海水溫度上升。溫熱的海水不只減弱珊瑚對病毒的抵抗力，溫熱的環境更會破壞珊瑚與共生藻的共生關係。寄生在珊瑚體內的共生藻是珊瑚主要的營養來源，但海水升溫會刺激共生藻釋放過量的醣分與毒素，珊瑚受不了而將共生藻吐出體外，也因此自斷食物供給來源。失去共生藻的珊瑚會變成白色，這就是所謂的白化現象，白化若持續太久，珊瑚很快會餓死。除此之外，大氣中不斷增長的二氧化碳也會讓海水酸性增加，不利珊瑚合成碳酸鈣，因此長不出形成珊瑚礁的骨幹。

珊瑚礁可以抑制海岸線的侵蝕，減緩颱風的破壞力，還能為海中生物提供食物與庇護場所，而大海中的漁獲又餵飽我們人類，所以珊瑚礁生態系統的崩解是很嚴峻的問題。各式各樣的解決方案都被提出來討論過。有人想到用很大的浮動遮蔽物覆蓋珊瑚礁，幫珊瑚礁降溫；也有人提出用幫浦抽上附近深海較冷的海水來降溫。而許多實驗室已經開始選擇性培育能在更熱環境中生存的珊瑚蟲，也有人嘗試以遺傳工程技術達到相同效果。

一些專家憂心這種人為干預會衍生其他問題，例如對病毒更無抵抗力，可是這種反對聲音最近越來越微弱了。珊瑚蟲需要得到所有可能的幫助，才有機會存活。

**為什麼所有的商業飛機
不全改用永續燃料？**

　　自從維珍大西洋航空公司（Virgin Atlantic）在英國倫敦
飛往荷蘭阿姆斯特丹的波音747飛機上，第一次使用混合生
質燃料，超過十年的時光又飛走了。這也許只是航空公司
的宣傳噱頭，不過公司老闆理查·布蘭森爵士（Sir Richard
Branson）曾宣稱這是「極關鍵的突破」，證明商業飛機能使
用椰子和巴西的巴巴蘇棕櫚樹堅果提煉出的生質油，將有助
「未來燃料」的開發，而且可以降低航空業的碳足跡。可是
十年過去了，每年商業飛機耗油十五億桶，生質燃料仍然佔
不到1％。為什麼進展如此之慢？

　　實際情況並不是燃料來源沒得選。雖然因為巴巴蘇棕櫚
樹堅果的供給有限，而且食物被拿去生產燃油會導致不良影
響，所以此燃料已經不在維珍大西洋航空未來用油規劃內。
但是科學家已經從中學到如何自其他材料仿造出航空燃油，
來源包括北美洲的原生植物柳枝稷（switchgrass）、木材殘
渣、都市垃圾，甚至是廚餘和污水中的餿水油。

　　現在每天橫跨海洋兩岸、在雲層呼嘯穿梭的航班中，其
燃料或有從農業廢料（聯合航空採用）、芥菜籽（澳洲航空
採用）、森林廢棄物（挪威航空採用）、回收食用油（荷蘭

皇家航空）提煉而得。美國洛杉機和挪威奧斯陸這兩大國際機場，還將生質燃料（biofuels）列為日常加油的選項之一。航空公司也體認到如果航空燃油有不同的選擇，可以幫助公司兌現承諾：在2050年以前，將二氧化碳淨排放降低到2005年時的一半。

但價格與政策還是王道。因為只能小量批次生產，加上過去十年原油價格下跌，生質燃料比傳統航空燃油要貴兩到三倍。如果產量增加，價差還有可能縮小，但這也得國際間對技術標準有一致的協議才能實現。技術標準包括新燃油要確保飛機在空中飛行時的安全，還有對於永續性的標準，確認新燃油真的比傳統石化工業產品更環保。加上航空業是全球性工業，所有考量都要涵蓋當飛機從一個國家飛到另一國家時，對於碳排放減量到底要如何計功論賞。

技術標準是相對比較簡單的部分。身為非盈利性國際標準制定組織的ASTM國際標準組織（ASTM International），其制定的標準廣為工業界所接受。即便如此，ASTM仍然花了好幾年確認每一種原料檢驗的程序，而且更多的新原料一直都在測試中。但永續性（sustainability）比這些檢驗更複雜。量測新燃料的碳足跡自是必要，但是不是也應該把它對濫伐森林、勞工權利、食安、維持生態多樣性等等的影響考慮進去？許多國家或區域像是美國和歐盟都有規範評量永續性的規定，歐盟永續生質材料圓桌機構（the European

Roundtable on Sustainable Biomaterials）是一個為生質材料相關驗證的獨立組織，它們也有自己的一套標準。

　　現在欠缺的是全球一致的規則，讓飛機在世界各機場都能提用符合各地永續性標準的生質燃油。在聯合國轄下，有一百九十二個會員的國際民航組織，為了能在2021年啟動航空除碳與減碳計劃，現在已經開始整理分類永續性的量測規範。可是即使通過上述的種種努力，國際航空運輸協會（它是一個全球航空公司同業公會暨遊說團體）的羅伯特・波伊德（Robert Boyd）評估，生質燃料的佔比在7年內依然不可能達到10％。理查・布蘭森爵士的夢想可能還要等更久才會實現。

90 ────────────── 為什麼海運業拖這麼久
才要碳排減量？

2018年4月，國際海事組織的代表宣布，其一百七十個會員已經達成協議，要在2050年以前減少碳排放量至2008年時的一半以下。國際海事組織是聯合國內負責船隻航海安全和海洋污染的一個單位。對海運業能與2015年巴黎氣候協議（Paris climate agreement）並肩航向同一目標，研究機構「航行於氣候變遷」（Shipping in Changing Climates）稱此協議是一重大進展。不過巴黎協議都已簽訂兩年了，為什麼海運業要拖這麼久？

在巴黎協議上，海運業與航空業是兩大僅有沒被提及的溫室氣體排放工業，一部分原因是很難裁量誰要為碳排放負責。舉例來說，運送含有南韓零件的中國貨物，經由太平洋到美國消費者手上，這筆帳要怎麼算？可是類似的問題並沒有阻止航空業在一年內達成協議。

外交官為此爭辯，稱進度緩慢是因為排放限制會影響出口，如果調整速度太快，將會削弱海上貿易的競爭力。例如巴西對中國出口大量鐵礦，如果過度限制，海運成本提高，那等於幫到它的競爭對手澳洲，因為從澳洲到中國的海運航程，只有巴西到中國的四分之一。如果想藉由船隻減速來減

少碳排放，對出口櫻桃和葡萄等易腐爛農產品的國家（如智利），只會引起忿怒。

其他人也擔心有力的遊說團體已經挾持會議程序。國際透明組織是一個非政府組織，它對國際海事組織身為聯合國內的單位，卻長期被營利公司的股東所影響，表達「嚴正關切」。一份研究公司「影響圖」（Influence Map）的報告中就發現，在某一次國際海事組織的會議，31％的國家當中，一部分是由企業股東代表出席。

國際海事組織的組成方式讓問題更嚴重，它以設籍該國船舶的噸位為準，按照比例而成立。所以對開放船舶設籍的國家而言，任何船隻只要在該國註冊，便可以懸掛該國國旗（或者稱作「權宜船籍」，flag of convenience），因此得到不成比例的影響力。

有時候這對限制碳排放反而是好事，例如太平洋上低窪的馬紹爾群島（Marshall Islands），全世界有11％的船隻設籍該國，它就大聲疾呼支持碳排放減量，但大部分國家還是反對。國家對設籍的船東負有義務，所以那些不必像馬紹爾群島擔心國土會被上升海水淹沒的國家，通常反對任何碳排放減量的提案。例如巴拿馬，全世界有18％的船隻註冊，它所支持的碳排放減量力道就小很多。

國際海事組織的宣告也遭到一些國家反對，像沙烏地阿拉伯與美國，長期以來都在阻撓對抗氣候變遷所作的努力

（兩國都拒絕簽署國際海事組織協議）。即使有了協議允諾的減量，目前佔比大約3％全球碳排放的海運業，對接下來幾年碳排放增加的貢獻，仍然要記它一筆。

這時科技就幫得上忙了。新的船舶設計標準正在降低有害的碳排放，無碳燃料已經問世，僅僅減速10％就可以節省近乎三分之一的油耗，甚至還有人討論為新型船隻加裝新的高科技風帆。對鼓勵採用這些轉變來說，這個2018年的協議是好的開始。不過這麼多的協議僅是紙上談兵，能夠落實才算數。

───── **為什麼德里的空污這麼嚴重？**

　　印度大城德里並沒有世界上最骯髒的空氣。根據聯合國世界衛生組織2018年對四千五百個城市的排名，空氣最差的寶座由同樣在印度北方的坎普爾（Kanpur）取得；印度各城佔據了空污榜上的前十四位。但德里人口有兩千五百萬，遠遠超過其他城市，所以它的污染威脅更多的生命。德里每年有三萬居民因空污而喪命。如果考慮空污對各方面的影響，例如肺癌、糖尿病、早產兒，最近的研究甚至還包括自閉症，有醫生指出這三萬還算是保守的估計。

　　德里每天PM2.5懸浮微粒的平均濃度，是聯合國世界衛生組織安全濃度上限的六倍。冬天濃度更高，尤其在秋天慶祝光明的排燈節之後幾個星期，濃度可以攀升到五十倍。為什麼德里污染這麼嚴重？

　　答案就像煙霧本身一樣，有好幾個層面。首先是地理因素，德里位於平坦肥沃的平原上，北方有喜馬拉雅山阻擋空氣的流動。夏季時，高溫導致熱空氣上升，因此也把懸浮煙霧微粒帶到高處，在這個高度，夏季季風能將懸浮微粒吹散至印度洋。但在冬天，早晨的霧氣將懸浮微粒罩在地面上，連些許微風都沒有，即便有，從北方山上吹來的冷空氣產生

遮蓋效應，塵土與煙霧便累積懸浮不散。

這些塵土與煙霧從哪裡來的呢？除了新興活躍國家日常土木建設的塵沙，以及上千萬交通工具在粗劣的道路上奔馳外，還有燃煤發電廠的排煙、垃圾焚化場、用火清理的稻田、工廠與燒便宜石油焦和鍋爐油的鍋爐、使用低品質燃料的簡陋改裝車、柴油驅動的機車跟發電機，還得加上燒牛糞與木柴的炒菜爐子。

貧窮使情況更嚴重。舉例來說，在秋天收成稻穀後，很難說服農人用昂貴的機器整地以便改種小麥，因為用火燒稻梗殘株更方便。政府的政策有時候還雪上加霜。為了推動能源自給自足政策，繼任的政府傾向燃煤發電而不選更乾淨的發電廠。政府還刻意使柴油比汽油便宜，誘使家裡有柴油牽引機和幫浦的廣大農民投票給他們。結果是，即使汽車製造業和購買者已經轉換到更「經濟」的燃料，成千上萬噁臭的柴油車仍舊充斥印度城市。

另外一個政策失當的例子，是當面對十年前恐怖的地下水位嚴重下降威脅時，印度東北部稻米帶各省下令農民等到真正進入季風雨季再播種。地下水位確實是穩定了，但是延遲播種就意味延後收成，等到農民要燒稻田時，季風早走了，無風吹散的霧霾自然籠罩德里的天空。

北京曾經實施鐵腕政策清理自身的霧霾，而且收效不錯，但印度首都並不是從上到下一道命令便足以貫徹的治理

模式。政府施政效率不僅被選舉拖慢,本身錯綜複雜相互重疊的管理架構,注定是先天不足、後天失調的命運。

即使艱難若此,印度還是有一些進展。多數的公車、計程車還有機動黃包車,已經使用天然氣超過十五年了。製造污染的工業和燃煤發電廠已經關閉,民生烹調用天然氣系統取代像是煤炭等固態燃料的計劃也有所進展。政府在2018年禁止更髒的工業燃料進口,在首都採用更高辛烷值的汽油與柴油。在2020年之後,所有在印度銷售的新車都必須符合更嚴格的碳排標準。地方政府則加重罰則禁止農民燒稻田。2018年11月,當霧霾厚度達到危險程度時,德里首都轄區政府禁止卡車入城,並且下令土木工程停工。

這些多管齊下的措施,也許有一天能讓藍天重回印度首都。問題是,那一天會在哪一年實現?

92 ─── 白頭海鵰如何再度展翅翱翔？

　　威斯康辛州一條淺溪上，一隻禽鳥正沿著水道跟蹤潛行，小溪兩旁植樹已長大成林，溪中魚兒間或躍出水面。黑色雙翼振翅一拍，白頭海鵰輕鬆迎風滑翔前進，白頭在早秋陽光下顯得特別閃亮。遊客看到如此雄麗的場景，可能以為親證多麼罕見的一刻──不過事實並非如此。

　　白頭海鵰雖然是代表美國標誌的國鳥，於1960年代幾乎在美國本土滅絕，但現在數量又恢復上升，聯邦政府在2007年6月正式將白頭海鵰從瀕危物種名單中移除。牠的復育是環境保護中激勵人心的成功案例。到底是什麼措施使白頭海鵰再度偉大？

　　白頭海鵰數量驟減的故事相當戲劇性。依據一份估計，1782年時全美大約有十萬對築巢的白頭海鵰，當時也因為牠在天空自由飛翔與捕獵時勇猛有力的意象，被選為美國的象徵。（不過當時班傑明・富蘭克林反對，他形容白頭海鵰「品性不佳……牠並沒有老老實實地生活」）僅僅一百年的光景，牠的數量就從天上筆直墜落，原因有很多。

　　拓荒定居的先民們清空動物築巢的棲地與水道，這原本是水鳥和獵物的家。農夫視鳥類為搞破壞、齷齪食腐的掠食

者，除之而後快。他們倒也不是沒根據，例如現代一名在喬治亞洲放養雞隻的農場主人，就怪罪白頭海鵰捕殺家禽，近幾年害他損失幾百萬美元。有時候白頭海鵰還會吃到被獵人用鉛彈打死的小鳥屍體，結果中毒而死。

到了1940年，美國國會注意到白頭海鵰面臨絕種威脅，因此通過法案禁止人民再對白頭海鵰作任何傷害。到了1963年，雖然阿拉斯加境內數量還很多，但美國本土只剩四百八十七對築巢白頭海鵰。

十年前左右，美國本土估計約有一萬對築巢白頭海鵰，雖然有些州（如佛蒙特州）仍然把白頭海鵰歸在受威脅的名單，到今天全美國總數應該高更多。1940年的法律毫無疑問地幫助了復育。法令規定擴大諸如國家公園和州立公園等自然保護區的範圍，也就保護了更多白頭海鵰的棲息地。

不過最重要的應該是禁用DDT。它曾經被當作殺蟲劑，特別在第二次世界大戰後用來控制蚊子與其他病蟲害，造成白頭海鵰最致命的死亡威脅。白頭海鵰吸收被污染魚體內的DDT，使得蛋殼變薄，降低孵化繁殖率（其他鳥類，像褐鵜鶘，也有同樣的問題）美國國家環境保護局在1972年禁用DDT之後，白頭海鵰復育的力度才變強。

想到國家環境保護局在川普政府領導下利用開罰做為威脅，*該局這項復育成值得我們回想稱頌。雖然偶爾有人擔心由蚊子傳染的疾病，像茲卡病毒（Zika）或是西尼羅病毒

---

*譯注：2019年9月18日美國總統川普批評加州的遊民犯罪，威脅要國家環境保護局對舊金山開罰，而國家環境保護局也隨即在10月2日發給舊金山通知，指控該市違反聯邦清潔水法案。

（West Nile virus），因而質疑禁用DDT的風險，但今天美國沒有人真的想再度廣泛使用DDT。

做為美國標誌的白頭海鵰，再度在美國領土上空展翅翱翔，是任何政治遊說團體都可以慶祝的勝利。它的成功是因為政府採用科學方法了解環境的威脅，據以制定規範，限制人類對大自然的傷害。面對一位總統稱氣候變遷是一場「騙局」，而且似乎想削弱像國家環境保護局等政府機構的權力，我們憂心類似的成功案例，今後可能很難再看到了。

為什麼全球暖化下
森林大火次數卻變少？

　　美國加州天堂鎮（Paradise）現在看起來卻像是地獄。
2018年11月，80～90％的房屋在這場加州有史以來最致命
的大火中化為灰燼，起碼八十五人罹難。如果以焚燒面積大
小排名，加州有紀錄最嚴重的火災前十名當中，九次發生在
2000年之後。美國總統川普指責不當的森林管理政策是造成
大火根本的原因，但科學家並不同意這樣的說法。

　　莫斯科愛達荷大學教授約翰・阿巴茲格魯（John
Abatzoglou）和美國哥倫比亞大學派克・威廉斯（Park
Williams）指出，氣溫上升和乾旱使美國西部森林大火更加
慘重。如果沒有全球暖化助拳，他們預料1984到2015年之間
的森林火災，燒掉的森林面積會減少一半。美國不是唯一處
於這種危險的有錢國家，葡萄牙和希臘從2016年以來，已經
遭受歷史上最毀滅性的野火摧殘，超過兩百人喪生。一份研
究發現，如果全球溫度比工業化之前上升攝氏三度，那南歐
大火燒掉的面積將會是兩倍。

　　雖然大眾都關注災難帶來的傷害，但跟全球的趨勢相
比，西方世界發生大火的頻率上升是個例外。大多數的野火
發生在開發中國家，這些地方的發生頻率其實在降低。根據

美國太空總署尼爾斯・安德拉（Niels Andela）的報告，從1998至2015年，全世界失火的面積已經縮小24％。農業發展方式和更強的財產意識是兩大原因。

全世界焚燒面積有三分之二在乾燥炎熱的非洲，這裡普遍都用火燒的方式清理農田；火耕的方法在亞洲部分地區也依然常見。現代化農作方式的成長可以防止大火發生：土地依放牧場和田場劃分，可以將地形地勢拆解，如此火勢就不會一直蔓延；在地居住的人為了保護家當，也傾向滅火而非點火。

這種傾向如此興盛，可以想見野火終將死灰難起。考慮許多不同全球暖化與人口成長的情境後，瑞典隆德大學沃夫岡・克諾爾教授（Wolfgang Knorr）發現，就降低野火肆虐面積而言，改變規劃土地使用方式，比溫度上升的影響更重要。這將有助於拯救人命。每年有三十三萬人因大火燃燒噴出的濃煙而過早死亡，遠遠超過被火直接燒死的人數。雖然遷往容易發生火災的地方會讓人置身險境，但只要能抑制大火發生，大家就都能呼吸新鮮的空氣。

氣候暖化使美國森林大火更猛烈

森林焚燒面積與氣候條件關係圖
美國西部，1984-2017年

焚燒面積，單位：千平方公里

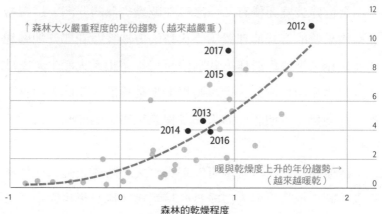

↑森林大火嚴重程度的年份趨勢（越來越嚴重）

2012 ●
2017 ●
2015 ●
2013
2014 ●
2016

暖與乾燥度上升的年份趨勢 →
（越來越暖乾）

森林的乾燥程度
相對於1981-2010年平均值之植被乾燥度指標（fuel-aridity index）

全球森林大火焚燒面積
使用中度氣候變遷和人口增加之模擬條件†

火燒面積，
單位：百萬平方公里

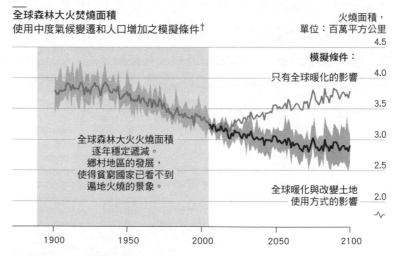

模擬條件：
只有全球暖化的影響

全球森林大火火燒面積
逐年穩定遞減。
鄉村地區的發展，
使得貧窮國家已看不到
遍地火燒的景象。

全球暖化與改變土地
使用方式的影響

資料來源：馬里蘭大學，Louis Giglio；美國太空總署，Niels Andela；　†在28平方公里的區劃裡
哥倫比亞大學，Park Williams；隆德大學，Wolfgang Knorr

哪個國家將會製造最多垃圾？

　　自從工業革命開始到現在，兩百多年過去了。西方經濟長久以來建立在「取得（原料）—製造（成品）—丟棄（垃圾）」的假設下運作，但歐洲和美國於二十世紀所製造的垃圾，和新興的經濟體（如中國）根本沒得比。

　　根據世界銀行的報告，2016年全世界製造二十億公噸的都市固體廢棄物（家庭和商業垃圾），僅僅用三年的時間，就打破十八公噸的紀錄。這相當於全世界所有人，不分男女小孩，每一個人一天產出七百四十公克垃圾。這還不包括更大宗工業廢棄物。工業固體廢棄物含有許多像金屬碎片等有價值的材料，長期以來一直有公司處理藉此獲利。此外，還有一個最嚴重的廢棄物管理問題：每年三百億公噸無色無形卻危險的二氧化碳被傾倒在大氣之中。

　　當人們開始有錢後，消費增大，丟棄也變多。先進國家人口佔全世界16％，但製造的垃圾佔34％，不過開發中國家正在迎頭趕上。以目前的速度，世界銀行預估到了本世紀中期，歐盟和北美洲會比現在增加四分之一，東亞二分之一，南亞兩倍，撒哈拉以南非洲（sub-Saharan Africa）則是三倍。全球垃圾年產出將達到三十四億公噸。

垃圾世界

— 2016年每人垃圾生產量（公斤）

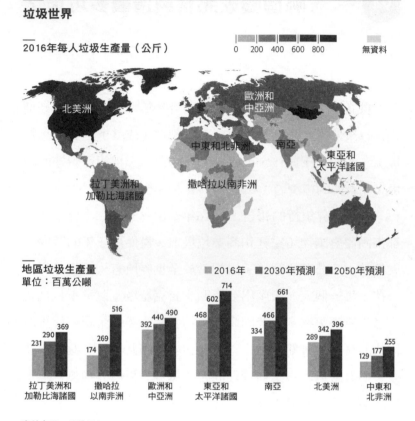

— 地區垃圾生產量
單位：百萬公噸

■ 2016年　■ 2030年預測　■ 2050年預測

資料來源：世界銀行

95 ── 生質能源如何為全球暖化降溫？

能源工業的全球碳排放量又開始增加了。經過三年維持水平不動後，2017年成長1.4％，監管世界能源使用的國際能源總署（International Energy Agency）分析2018年成長很可能會更快。巴黎氣候協議上197國同意在工業革命前的基準下，限制溫度上升小於2℃，理想則是1.5℃。協議需要驟降碳排放量才可能達到目標，現在卻不降反升。由一群具領導地位氣候科學家們所組成的跨政府氣候變化委員會（Intergovernmental Panel on Climate Change）則重申，全世界正走在本世紀末上升3℃的路上。

任何改善全球暖化的方法，都不脫提高再生能源比例。最近幾年再生能源使用量的成長非常快速，國際能源總署估計成長還會持續，預計在2023年，全球能源使用量的成長中再生能源將貢獻40％。所有再生能源當中（包括水力能源），成長最快的是電力部門，到2023年將佔30％的總發電量。即使電力部分佔不到20％全球能源總消耗量，這仍然是令人振奮的訊息。

供熱與運輸業佔全球能源總消耗量80％，再生能源在這些領域的使用還很有限，想使氣候目標實現，相關產業的去

碳化勢在必行。其中有一項很重要卻經常被忽略的再生能源來源，是去碳化成功的關鍵：現代生質能源。

傳統的生質能源通常指燃燒木柴、木炭、動物排遺（如牛糞）等等，在開發中國家常被用來炊煮與取暖。但它會釋出有害污染物，危害環境。現代的生質能源則不同，是指永續性生質燃料，例如木質顆粒燃料（wood pellets）、乙醇、沼氣（有機物質分解時所產生的氣體），還有生質柴油（從油菜籽提煉而成）。

2017年所有再生能源消耗量當中，現代生質能源佔了一半，是太陽能加風能的四倍。對一些其他去碳化選項稀少的部門，生質燃料可以為工業提供熱能、為室內提供暖氣與熱水，以及做為運輸業的用油——雖然目前用於海運的生質燃料依然有限，航空業更少。

雖然燃燒生質燃料時，每單位產生能量所釋放的二氧化碳比煤和石油等化石燃料還多，但生質能源仍有助減緩氣候的改變。兩者不同的地方，在於化石燃料所釋放出來的碳原本在地底下已經幾百萬年，可是燃燒生質能源所釋放的是最近才被植物吸收的碳。這就是為什麼國際能源總署在如何維持本世紀全球暖化低於2℃的模型裡，預示現代生質能源的佔比要在2060年以前從4.5％提升到17％。在同一時期，單單生質能源一項，就要負責17％碳排放減量的任務。

為了避免乾旱、洪水、糧食短缺、極端酷熱與貧困，跨政府氣候變化委員會的報告特別強調維持溫度上升小於1.5℃，而不是2℃的重要性，所以加速生質能源的部署顯得更迫切。但沒有大筆資金投入、友善的政策支持，與管控的環境施作，那就無法達標。

2018年夏天異常的高溫把全世界悶得快窒息。致命的森林大火撕裂美國和希臘，日本將這一波熱浪列為天災，乾旱迫使英國發出水管禁令限制用水，牧場主人因缺少原料無奈宰殺牲口。當地球越來越熱，全球性的熱浪和伴隨而來的乾旱將變成常態。歷史上有許多因氣候異常而衝擊社會和政權的故事，現在正好來上歷史課。

其中一課發生在一千五百年前，敘述乾旱如何影響羅馬帝國政權的穩定。發表在期刊《經濟通訊》（Economics Letters）的一篇文章中，布洛克大學的哥尼流・克里斯汀（Cornelius Christian）和聖澤維爾大學的連恩・埃爾伯爾內（Liam Elbourne）確認了降雨模式和羅馬皇帝維持權力長短的關聯性。兩位學者假設較低的降雨量使農作物收成變少，導致糧食短缺，羅馬帝國前線的將士們因而挨餓，最後促使軍隊叛變、皇帝被暗殺。

兩位作者將暗殺時間與各時期降雨量資訊合併查看。二十五位皇帝被暗殺，大約總數的五分之一；降雨量資訊則是分析對降雨比較敏感的橡樹年輪而得。選用的橡樹分布在當時羅馬帝國邊界（現今法國和德國東部）。他們發現，如

果年降雨量比平均低一個標準差（比平均少20％），那麼隔年皇帝被暗殺的機率會提高零點一一個標準差。西元235到285年的戈爾迪安王朝（Gordian dynasty）特別混亂：這時期二十六位皇帝中，有十四位被暗殺。當然士兵缺糧不是政權移轉的唯一因素，這個時期還有瘟疫流行、鄰國入侵、經濟蕭條等問題。

這堂一千五百年前的歷史課，也許不值得花太多時間就可以下課，畢竟今昔的條件差太多，古羅馬欠缺長期儲存穀物與灌溉作物的技術。不過即使到了現代，獨裁者仍然依賴軍隊效忠來維持政權。更廣泛地說，異常氣候會造成經濟衝擊、社會不安，甚至引發內戰，這種連結早就深植腦海。例如提到乾旱，就會想到蘇丹內戰，還有奈及利亞的博科聖地組織（Boko Haram）興起。

看來一千五百年下來，情況並沒有發生多大改變：不管有沒有氣候變遷，只要有極端天氣的事件，政治總是趨向更不穩定。

統治興衰

年降雨量和羅馬皇帝被暗殺時間，西元前27年～西元476年

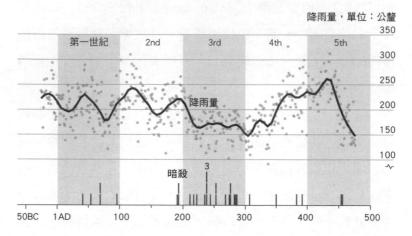

資料來源：〈古羅馬時期軍隊效忠度受衝擊與後續皇帝被暗殺的關聯性〉（Shocks to military support and subsequent assassinations in Ancient Rome），Cornelius Christian and Liam Elbourne，《經濟通訊》，2018

技客專業：
科學與科技的秘密

Q 為什麼優步的自動駕駛車會撞死路人？

（1）防碰撞技術失靈

（2）自駕車沒辨識出那是真人

（3）隨車員關閉自動煞車系統

（4）車速設定過快

——答案詳見P.301

Q 大家平均願意花多少錢使用谷歌搜尋？

（1）兩萬美元

（2）一萬七千五百美元

（3）一萬五千美元

（4）一萬兩千五百美元

——答案詳見P.312

97 ──────── # 為什麼動物能利用地球磁場
導航不迷路？

　　冬天到了，成千上萬的園鶯、斑鶲、歌雀飛越赤道，所有愛唱歌的小鳴禽歌雀都要前往南方曬太陽過冬。這可是一趟史詩級的旅行，牠們除了依據太陽與星星的位置、氣味和地標引導前進，感謝有磁場感知（magnetoreception）伴身，牠們還夠利用地球磁場定位。

　　磁場感知的理論曾經引起眾說紛紜。十八世紀德國醫生弗朗茲・安東・梅斯梅爾（Franz Anton Mesmer）認為生物體內有一種磁流體，一旦此流體失去平衡就會生病。他的「動物磁力說」（animal magnetism）最後被檢驗非如所言，類似的理論也都遭到質疑。

　　不過近半世紀以來，磁場感知再次得到鄭重的看待。在1972年，一篇開創性的研究證明歐洲知更鳥對磁場訊號有反應。現今發現有磁場感知動物的名單中，已經擴及到每一種脊椎動物，還有部分昆蟲與甲殼綱動物。有些只是用磁感來定位，例如盲鼴鼠；其他像鮭魚、龍蝦、夜鶯，當遷徙或返家時，可能就需要利用磁感與其他知覺信號幫忙。牠們是如何辦到的？

想像地球磁場是由位在地球中心的磁棒所形成；磁力線從南半球出發，順著球面彎曲往北，最後回到北半球。磁力線穿過地球表面時，一些磁場特性是可預測的，磁場強度是其中之一：磁場在赤道最弱、兩極最強。另一個可預測特性是磁傾角，它隨著緯度不同而變化，所以當動物從赤道往北遷移時，就會感受到磁傾角越來越陡。

從上述地球磁場的訊號，動物也許就能據此得知兩個資訊：牠們前進的方向，以及現在與目標的相對位置。方向是最基本的訊息，因為極性就能確定方位是南是北，如同羅盤一樣，可是經過長距離之後，它的效用就要打折扣。一波強大的海流掃過，就能讓海龜偏離航道；風對候鳥也是一樣。確認與目標的相對位置更有價值，這時磁場強度和磁傾角的訊號就派上用場了。看看赤蠵龜吧。牠們從佛羅里達州海岸游進北大西洋環流（North Atlantic Gyre）後，在洄游到出生地海岸產卵前，一直在環流內繞圈圈生存。如果在這中間迷航，可就是死亡之旅了。

一篇研究將剛孵化的赤蠵龜置於可調控磁場的環境，其中三組模擬北大西洋環流外圍北部三處不同地點的地磁場，每個地點的環流方向也不同。結果這三組赤蠵龜即使在實驗室內，均游往各磁場對應環流的方向，如此可順著海流留在環流內。

另一篇2018年發表的研究，比對海龜的基因分布，發現相隔很遠但地磁特性相似的海灘（例如佛羅里達半島相同緯度的兩側），兩處海龜的基因相似程度，反而比地理上較近但地磁特性不同的情況要高。這暗示海龜可能在游回自己出生的海灘時迷失方向，當遇到地磁特性與出生地相近時，誤認他鄉是故鄉，就開始挖洞下蛋。

　　相關研究的問題還很多。目前對磁場感知的證據，都只是觀察行為後的推論，研究人員尚未辨明動物體內能感知磁場的接收器。其中一個困難在於磁場可以穿透組織，所以體內任何一處都可能是接收器的所在（相較於感知顏色或香味，其接受器則必須接觸外界環境）。現在有兩大主流的磁感理論，一派說動物有細胞內羅盤，另一派認為地磁場會影響化學反應，因而產生磁感。到目前為止，這種特殊能力所引起的問題比答案還多。

為什麼月球背面雖不暗，但我們卻看不清？

　　月亮在日常生活裡是很平凡的存在，只要一抬頭肉眼就看得見，用最入門級的望遠鏡絕對不會找不到，自1960年代以來，人類甚至上去踩過好幾次。但中國在2019年1月的登月計劃，可能會大大增進人類對這顆太空鄰居的了解。科學家可更廣泛得知月球的形成，甚至有機會了解地球和其他行星在幾十億年前如何聚在一起。這次任務是人類第一次有探測器（嫦娥四號）、月球探測車（玉兔二號）在月球背面著陸。為什麼月球背面有許多值得了解的事？

　　月球繞地球的軌道是與地球同步自轉（tidal lock，又稱潮汐鎖定），也就是說月球自轉和繞地球一圈的周期是一樣的，導致地球上的觀測者永遠只看到月球的同一面，而月球上的觀測者看地球，則是覺得地球總是待在天空中同一位置自轉。雖然受到些許的軌道離心率影響，在月球繞行地球一整周的期間，*地球上的觀測者可以看到比一半稍微多一些，但月球背面大部分地區是看不到的。一般誤以為月球背面永遠是黑暗，其實背面跟正面的明暗剛好相反。例如我們在朔日看不到月亮，但此時它的背面全部被太陽照射到；望日我們看到滿月，此時背面才真的背對太陽。

---

*譯注：軌道離心率，即月球繞地球的軌道非正圓而是橢圓。月球繞地球一周的期間，即地球上觀月圓月缺一個周期，也就是陰曆一個月。

前蘇聯的月球三號（Luna 3）在1959年第一次繞行月球時，傳回第一張月球背面的影像，地球上的天文學家才看到可能是太陽系最大的撞擊隕石坑：南極—艾托肯盆地（South Pole-Aitken basin），盆地直徑兩千五百公里，深十三公里。自此之後，陸續有十多艘太空船升空觀察月球表面，六次有太空人踏上月球，前蘇聯還出版過月球背面地圖。

　　美國的阿波羅號在飛進月球背面時，所有太空人也親眼看到月球背面。美國太空總署的月球勘測軌道飛行器（Lunar Reconnaissance Orbiter）在2011年傳回更詳細的月球背面畫面，但所有的影像都只是遠距觀測而得，在嫦娥四號以前，從未有太空船於月球背面登陸。

　　現在所知的月球背面相當有趣。我們平常看到的月球表面有月海（maria），或是遠古時期的火山熔岩漿流，但月球背面幾乎都沒有。月球表面和背面的化學成分也明顯不同。月球表面的熔岩漿流覆蓋大部分的地面，但月球背面沒被岩漿流覆蓋的地表則歷經億萬年的太陽風和太陽照射。澳洲國立大學的天體物理和宇宙學家布拉德‧塔克（Brad Tucker）表示，中國這次登陸月球背面的任務，「有望揭開前所未見的素材，做為月球最初成形的直接證據暨快照」。

　　目前有關月球形成的理論，最流行的觀點之一是地球和原行星（protoplanet）幾十億年前碰撞的結果；另一理論則假設月球是許多地球衛星或環繞地球的碎片融合而成。更多

月球背面的資料，將有助修正或排除這些理論。塔克博士還提到月球背面有更豐富的氦-3同位素。這種同位素在地球上很稀少，是上等的火箭燃料。

探測月球背面的困難源自它所處的位置：月球本體會遮蔽所有從月球背面發射的無線電訊號。為了解決這個問題，中國在2018年發射鵲橋號中繼衛星到環繞「地月拉格朗日 L2 點」（ L2 Lagrange point）的暈輪軌道，在此軌道上，地球和月球引力的合力，可以使中繼衛星更容易固定與地球和月球的相對位置。地月拉格朗日L2點是在地月連線上，靠近月球而與月球背面同側；雖然在背面，但又夠遠到月球本體不會遮蔽此處的無線電訊號，因此鵲橋號中繼衛星能讓地球控制中心即時遠端遙控著陸器和月球探測車，並且作雙向資料傳輸。

對月球背面更深刻的認識，將有助政府和私人企業的太空計劃，如送太空人重回月球、建立繞月的永久太空站。也許有一天，人類將開發月球成為探索火星和宇宙更深處時的燃料補給站。塔克博士表示「月球可說是太陽系裡巨型的加油站」，往後的月球背面探勘任務，也許能找出哪裡的燃料儲藏量最豐富呢！

太空軌道垃圾是一個典型的「公地悲劇」（tragedy of the commons）案例。六十年來的太空發射任務，地球軌道上充斥被拋棄的衛星、火箭機件和各式各樣的碎片。其中超過七十五萬件起碼有一公分寬以上，足以粉碎一個衛星。即使是小小的油漆剝片也能損壞設備，包括龐大的國際太空站（International Space Station），而這種碎片數量有百萬以上。這些垃圾隨著時間分解成更小的碎片後，雷達將更難、甚至無法偵測，以致避無可避。

在太空中相撞會是一場災難，例如2009年，俄羅斯一顆報廢衛星與美國銥星衛星通訊公司（Iridium）運轉中的衛星相撞。美國空軍太空司令部退役司令威廉・謝爾頓（William Shelton）形容這是「垃圾生垃圾」。

有價值的軌道最後會變得都不能用。在低空軌道的無動力物件，會因與大氣磨擦而更接近地球（軌道「衰減」）。在它們最終得以浴火脫離軌道前，可能要花好幾年、甚至幾個世紀，才能下降到夠低的高度。在這期間，如果產生新的報廢品，加上碰撞後產生的碎片量超過太多，相撞的頻率就會上升。

美國太空總署科學家唐納‧凱斯勒（Donald Kessler）在1978年警告，碎片碰撞所引發的連鎖反應，將使所有的軌道看得到卻用不著。雖然不像2013年熱門電影「地心引力」所描述的數小時那麼誇張，初始的反應速率其實很緩慢，時間尺度起碼是幾十年起跳，但這種連鎖碰撞的「凱斯勒現象」（Kessler Syndrome）恐怕早已開始。

有些專家估計，如果每年能至少移除五顆死掉的大衛星，這個反應就有可能停下來。（當衛星沒有足夠的燃料維持在軌道上，或是無法利用太陽能板產生動力，抑或電子設備故障，那就判定「死亡」。）

物體脫離軌道的方法是使繞行軌道的速度變慢，因而無法維持軌道所需的向心加速度，導致往大氣層的方向掉落，在幾個星期或幾個月內到達大氣層。雖然並不簡單，但通常速度調降每秒一百多公尺就足夠了。

除了把它們從空中踢下來，還有其他方法清理太空垃圾。2018年9月，歐盟的低地面軌道太空船利用電腦視覺系統和雷射測距儀輔助，射出一張網，套住事先放置的「立方衛星」：一種大小約十公分立方的微型衛星。2019年2月，命名「移除垃圾」（RemoveDebris）的太空船完成另一項創舉，射出四爪魚叉成功射穿攫取固定在長杆尾端大小十公分見方的標靶板塊。歐洲太空總署預計在2023年將一顆大報廢衛星脫離軌道，但不用魚叉技術，可能改採網捕或機械手臂

抓取的方式；機械手臂的想法已被中國測試過。

日本宇宙航空研究開發機構（Japan Aerospace Exploration Agency）開發的抓取系統可以駛離母船，拴住大塊碎片。它的設計理念是抓取系統懸吊長七百公尺鋼鋁材質的尾巴，利用地球磁場作出擺盪，產生制動力的效果，最終抓取系統與碎片同歸於盡，一起掉落大氣層著火燃燒。但2017年的實驗以失敗收場。

如果發射太空船只清掉幾片太空垃圾，也太不經濟，所以雷神軍事科技公司（Raytheon）的子公司BBN科技公司（BBN Technologies）提議用熱氣球把炸藥送上高空，引爆後可將空氣往上推，將一整區的碎片減速。也有人提議用裝在高山或太空船上的雷射掃射碎片，被射中的碎片氣化後，所產生的推力也能拖慢附近的碎片。

但所有的提議其費用都是難以置信的高，還有一個很可怕的缺陷：任何系統如果能將碎片拉下軌道，也可以用來攻擊敵人的衛星。所以即使技術沒問題，困難的部分在於如何協調統合，確保不會用於軍事行動。

100 ── 什麼是超高音速武器？

2018年12月26日，俄羅斯烏拉山脈唐巴洛夫斯基飛彈基地（Dombarovsky missile base）地面一扇艙蓋被掀開，隨後一枚火箭衝破濃煙，從地底筆直飛上俄羅斯天空。不過火箭彈頭並不是以預測的弧線轉向回到地面，反而有一架重返載具（re-entry vehicle）在與火箭分離之後，以超快無動力駕駛的方式，穿過天際向幾千英里外位於堪察加（Kamchatka）的目標飛去。

「先鋒」（Avangard）這款超高音速發射─滑翔武器（Hypersonic boost-glide weapon）測試成功，被俄羅斯總統普丁稱讚為「國家最好的新年禮物」。正當美國、俄羅斯、中國三個國家都為迎接新時代而準備更快、更智能、更靈活的飛彈時，俄羅斯的飛彈測試成功，在三國超高音速武器的軍備競賽初期，顯得特別亮眼。

超高音速武器是指速度超過音速五倍以上，大約每秒一點六公里。它們分為兩類，一種是超高音速巡弋飛彈，飛行期間，全程由火箭或噴射引擎推動，僅是戰斧這種巡弋飛彈的超高音速升級版。另一種超高音速發射─滑翔武器則不同，它們藉現有的彈道飛彈發射到高空大氣層，然後釋放超

高音速滑翔器（hypersonic glide vehicles），它飛得較低且更快，對敵人而言，比舊式重返載具更難預測。

雖然有些超高音速飛彈設計成可掛載核子彈頭，「先鋒」即是如此，同類其他飛彈則利用本身的高速和精準度，光靠衝撞時的動能就可以摧毀目標。任何一公斤的物體若以十倍音速的勁道衝撞，其動能比一公斤TNT炸藥爆炸還要高。現今的彈道武器速度快，但不容易操控；巡弋武器機動性高，但不夠快。結合速度與敏捷的優點，超高音速巡弋飛彈和超高音速滑翔器突顯其與眾不同之處。

延續2018年3月超高音速飛彈測試，俄羅斯這次的「先鋒」測試，對競爭者無疑是一大刺激。中國開發超高音速武器原型好多年了；美國為了建立初期的常規快速全球打擊系統（conventional prompt global strike），設計在一小時內攻擊地球上任一目標，於2018與2019年中間給了超高音速系統的計劃兩倍以上預算，希望在2020年代早期至中期能收到第一批武器，最終再大規模部署。法國、印度、澳洲和日本，也都在發展自己的超高音速科技。

大規模的超高音速飛彈，對目前的飛彈防禦系統造成嚴重的威脅。超高音速滑翔器的低空路徑，加上地球本身的弧度，都有助於躲過雷達的偵察。它的速度優勢讓對手反應時間更短，而機動特性則更難攔截。「定點」防禦系統可能還有保護作用，例如美國的終端高空防禦導彈系統（Terminal

HighAltitude Area Defence，薩德系統）。但大部分的時間其飛行路徑都不可預測，相當於很大的區域都有可能受到攻擊，更不用說它還能中途改變攻擊目標。

一位法國官員評論超高音速科技將「完全改變攻防兩方平衡」。美國一家國際政策智庫蘭德公司（RAND）表示，如果一顆飛彈以十倍音速飛行一千公里，那對手反應時間僅有六分鐘，從真正確認到飛彈撞上目標可能只剩幾秒鐘。

緊張的領導者也許因此將武器控制權轉移給軍方，甚至只在攻擊警告階段就按下發射鈕。為了反制超高音速飛彈，不得不部署更多低地軌道衛星來偵測；一旦發生戰爭，這些衛星卻又成為極佳的攻擊目標。準備好迎接這場全新超高音速軍備競賽吧！

101 ——— 飛機如何避免在空中相撞？

　　這起事故差一點就成為史上最嚴重的空難。2017年7月7日，加拿大航空759號班機在最後一刻緊急重飛，避免在舊金山國際機場滑行道的四架飛機頭上降落。誤認滑行道為降落跑道的加航班機，在滑行道上空飛了將近四百英呎、越過地面第一架飛機後，才推進油門加速並拉起機鼻重飛，差一點撞上地面的飛機。

　　不過，被這種故事嚇到的乘客，或許應該把心思放在「意外並沒有發生」。事實上，吃椒鹽脆餅噎死或是在浴缸裡溺死，都比死於空難的機率高。從每一千六百萬人次飛行，才會有一個人死於空難的比例來看，2017年是飛航最安全的一年。這是如何辦到的？未來還能保持嗎？

　　1920年代初期，飛行員沒什麼導航系統可用，失事飛行員可能只是在降落時錯認火車站的燈號。有時得依賴地面人員的手勢、旗號、或是地面巨大箭頭標誌，導引位置降落。當飛行員可以用駕駛艙內的無線電通訊時，美國政府在1935年啟用第一套空中交通管制系統，管理紐澤西州紐華克機場的天空。第二次世界大戰前才剛發明的雷達則帶來更多改變，不只管理、還讓我們隨時掌握飛機的位置。

　　下一個攸關航空安全的配備，要到近代才出現。美國和歐洲分別在1993和2000年，強制乘客十九人（含）以上的中大型飛機必須配置空中防撞系統（Traffic Collision Avoidance System），它會跟附近的飛機發射器互相通訊，得知它們的位置、速度、距離還有相對高度。當偵測到某架飛機太靠近時，空中防撞系統就會對兩架飛機的駕駛發出警告，並且在與另一架飛機的防撞系統協調後，建議迴避操縱的策略，像是要爬升或下降。

　　可是這套系統對小飛機來說太昂貴，而且必須重新設計才有辦法安裝，於是促使開發比較便宜的廣播式自動回報監視系統（Automatic Dependent Surveillance-Broadcast），它利用全球衛星定位系統標定飛行物。詳細的座標資訊則會發送給最近飛航控制中心還有附近的飛機。

　　現在其他航空器引起的飛安問題，最大莫過於具爭議性的無人機。美國聯邦航空總署估計每月有兩百五十架次的民間遙控無人機，嗡嗡作響地穿梭於其他航空器之間。雖然無人機很輕，仍舊會對飛機引擎、機翼、或是擋風玻璃造成傷害。2017年11月，阿根廷布宜諾斯艾利斯一架無人機撞上載有一百二十一位乘客的客機，造成機身輕微損傷。如果無人機配有廣播式自動回報監視系統的話，就能避開飛機和其他無人機了。

即便如此，困難仍在。雖然美國聯邦航空總署明文規定禁止無人機在機場附近放飛，但玩家或許不清楚規範，抑或根本無視禁令。2018年12月和2019年1月，英國倫敦蓋威克機場（Gatwick）與希斯洛機場（Heathrow），都因為接到有無人機在附近的通知，因而暫停起降。自此之後，兩機場就安裝了軍用等級的反無人機技術。單單去年就有三百一十萬架無人機運到美國，所以設計高智能科技與規則以避免相撞的需求，越來越緊迫了。

102 ———— 為什麼優步的自動駕駛車會撞死路人？

　　自動駕駛是最熱門的科技話題之一，不過最近大家並不是討論技術又有什麼重大突破。即使它已經在美國好幾州作過道路駕駛的測試，一連串的自動駕駛意外事件，讓大眾質疑這種未來新交通工具的安全性。

　　2018年3月在亞利桑那州坦佩市（Tempe），優步（Uber）一輛當時設定在自動駕駛模式的測試車，撞上一名婦女，送醫後仍不治死亡，這是第一起自動駕駛車輛撞死行人的死亡車禍。2018年5月，美國國家運輸安全委員會公布這起車禍的初步報告。報告中對自動駕駛車輛的安全性有多著墨嗎？

　　自動駕駛的電腦系統分成三大模組。第一個是感知模組，負責處理感測器的訊號，並且辨認周遭附近的物體。肇事優步車是改裝自富豪XC90（Volvo XC90），配有照相機、雷達和光達（LIDAR，一種利用不可見光來測距的雷達）。照相機能發現特徵，例如地上標線、路牌、交通號誌。雷達可測出鄰近物體的速度，光達即使在黑暗中，也可細緻掃描出周圍環境的形狀。整合這些感測器的數據，電腦建構出世界的模型，再交給機器學習系統學會辨認車輛、腳踏車、行

人等等。

第二個模組是預測模組，預測物體在下幾秒會有什麼行為，例如前方的車子會變換車道嗎？旁邊的行人會走出來往路中間去嗎？最後第三個模組利用這些預測，決定車子要如何因應（所謂的「駕駛策略」，driving policy）：加速，減速，左轉或右轉。

這三個模組當中，史丹福大學的塞巴斯帝安‧史朗教授（Sebastian Thrun）說，最困難的是感知模組。史朗教授曾經領導谷歌無人車計劃，他說最困難的部分在於辨認以前很少見過的東西，像是路上的垃圾，或是高速公路上風吹過的塑膠袋。他回憶在早期谷歌無人車計劃的時候，「我們的感知模組分不出塑膠袋和空中飛行的小孩」。

根據美國國家運輸安全委員會的報告，當伊萊恩‧赫茲伯格（Elaine Herzberg）推著腳踏車穿越四線道的馬路時，優步的車正努力掙扎辨識她的身分。雖然天色昏暗，雷達和光達在事故前六秒就偵測到她了。可是感知系統被困住了：它最先把赫茲伯格歸類為未知物，接下來是汽車，最後認為是腳踏車，但行進路線無法預測。

直到相撞前一點三秒，自動駕駛系統才發現需要緊急煞車。但因怕與自動駕駛系統相衝突，車子原本內建的緊急煞車系統被關掉沒開啟，改由隨車安全操作人員負責。但當時隨車人員在看手機，沒注意路況。赫茲伯格女士隨後被送往

醫院，但傷重不治。

　　意外發生有許多因素，但基本上還是要歸咎於系統設計不良。當感知系統覺得困惑時，自駕車應該減速。可是無預警煞車本身也有問題：過去自駕車就曾因困惑而緊急煞車，結果被後車追撞，所以才將煞車指派給隨車安全人員，以便意外即將發生時可以接管系統。理論上，增加一名隨車安全人員監控不完美的系統，應該是確保系統安全運行的合理作法，不過得要這名人員是在隨時注意路況的條件下才成立。

　　優步隨即暫停所有自動駕駛的測試並且重新檢查流程。其他開發自動駕駛者在檢視事故的錄影後，都宣稱他們的系統會煞車，避免相撞的意外。根據94％事故都是駕駛過失的統計數據，長遠來說，自動駕駛還是比常人駕駛要安全得多。但是現在優步以及其他自駕車開發者有責任向大眾保證，他們會盡一切努力避免意外，未來會更安全。

─────── **為什麼Python變成全世界
最熱門的程式語言？**

　　吉多・范羅蘇姆（Guido van Rossum）說：「我絕對不
是因為想要廣大群眾使用而開發新的程式語言。」他是荷蘭
電腦科學家，在1989年設計了新的程式語言Python。歷經將
近三十年的歲月，Python幾乎打敗所有的對手，還讓曾經受
挫於寫程式的人再度將程式碼置於指尖之下。2018年，美國
人在谷歌搜尋Python的次數，比電視實境秀明星金・卡戴珊
（Kim Kardashian）還高，搜尋次數是2010年時的三倍。其他
程式語言的搜尋次數大多數不僅持平，甚至還下降。

　　Python的兩大優勢是簡單和靈活有彈性。直覺的語法
（尤其縮排的使用規定），讓人容易學習與分享。被稱為
Pythonistas的熱情Python使用者們，已經上傳十四萬五千種套
裝軟體到線上檔案儲存庫，從遊戲開發到天文軟體，各式各
樣什麼都有。不管安裝或是嵌入於其他Python程式，只需幾
秒鐘就搞定。

　　以下例子可看出Python的多用途特性：美國中情局用它
駭入其他系統；谷歌用它來搜尋網頁；皮克斯動畫工作室用
它來製作電影；Spotify用它推薦歌曲。最熱門的軟體還有實
作「機器學習」，餵給它大量的資料，完成類似影像識別的

工作。在快速成長的人工智慧領域，Python使沒有經驗的程式設計師也能輕鬆上手。

擁有快速成長的使用者支撐與如此多樣的能力，其他程式語言可能都會過氣，而由Python一統江湖，成為程式設計界的通用語言。不過IBM首席軟體科學家格雷迪・布奇（Grady Booch）認為這種情況不太可能發生，他把各種程式語言比喻為各擁其主的帝國。一般而言，每種程式語言在它們出現的環境中，都因有技術上優勢而能存活下來。例如Python就不可能取代C和C++這兩種「低階語言」，因為它們讓使用者能對電腦處理器有更多控制權限。Python也不太可能取代經常被用來打造複雜應用程式的Java，或是賦予網頁更多功能的JavaScript。

此外，認為Python理所當然天下無敵的Pythonistas也要當心了。根據TIOBE指標（TIOBE index），FORTRAN、LISP、Ada，在1980到1990年代也都曾風光一時，（TIOBE公司是以專業開發人員編碼習慣來排名。）可是當更有效率的選項出現後，這些語言現在已經很少人使用。總之，儘管興盛一時，天底下沒有不倒的帝國。

程式碼啟動

程式語言使用率排名*

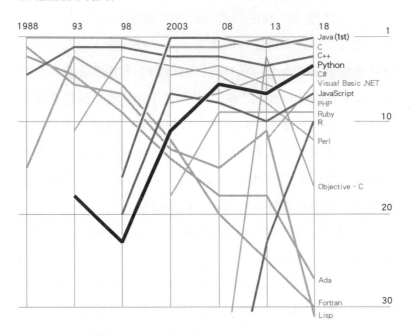

各程式語言的搜尋比率
美國，100＝年度搜尋次數最高之程式語言

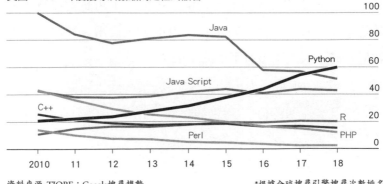

資料來源：TIOBE；Google搜尋趨勢

*根據全球搜尋引擎搜尋次數排名

什麼是「暗影禁令」？

社群網路存在著偏激言論、濫發廣告、機器人帳號等等降低交流品質的問題。有些算容易解決，例如濫發廣告就關閉帳號。其他則難處理得多：社群平台該如何處理那些居心不良、惡意把其他使用者趕走的真人呢？有人相信社群平台使用一種所謂的「暗影禁令」（shadowban），可將帳號部分甚至完全消音。到底什麼是「暗影禁令」？

關注相當於社群網路上的貨幣。不必限制發佈新文章的權限，也不必採取常用的方式封鎖，暗影禁令在理論上就可以削減使用者得到的關注量。被暗影禁令設定的使用者不會被告知已經被設定了，他們還是照樣發文、設定新的追蹤，也可以評論或回覆文章。但他們的發文可能不會出現在公共信息上，他們的回覆也許會被隱藏起來，其他人用他們的名字搜尋時，或會查無此人。唯一的線索也許是按讚或分享的數量突然下降，或者有朋友提醒他們相關活動消失的問題。

最近在美國的一則爭論使得暗影禁令頻上新聞。一份凡思新聞（Vice News）的報告觀察到，許多在美國具明顯保守傾向與右翼的知名人物，例如共和黨全國委員會（Republican National Committee）的主席，他們在推特上似乎被降級

了：在搜尋欄內輸入名字，並不會出現他們的帳號。美國總統川普譴責推特，揚言要「立即調查這種差別待遇和違法行為」。推特則是嚴正否認暗影禁令的指控：「我們沒有做。」

那些相信社群網路有自由主義偏見的人，不太可能買單推特的回應。皮尤研究中心（Pew）所作的民調發現，85％的共和黨員或傾向共和黨的人士相信，社群媒體網站會審查它們認為有問題的政治發言。

臉書為了避免嫌疑，拒絕對合法言論採取強硬的態度（不過對「假帳號」會將其完全刪除）。但臉書的演算法必須從幾百萬個選項中，決定哪些會出現在使用者的消息來源、哪些需要隱藏起來，而某些型態的媒體、連結和文字會受到系統偏愛。如果沒有公開透明地解釋演算法如何運作，就會導致陰謀論喧騰，暗影禁令就是一例。

────────── **YouTube如何處理
不適當的影片？**

　　YouTube有明文規定哪些內容禁止在其影片分享網站上：裸露或色情、煽動暴力、威脅、個資揭露等等。一旦上傳某類型的影片，例如宣揚暴力極端主義，YouTube會刪除帳號。情節沒那麼嚴重的，像是僅僅對個人輕微的威脅，處分自然也輕微。這些違規情形會得到《社群規範》（Community Guidelines）的好球數（也就是警告），累積好球數將導致禁令處分。

　　這些規範之所以會成為新聞，起因於2018年，經營「信息戰爭」網站（Infowars）的陰謀論者艾力克斯・瓊斯（Alex Jones）得到YouTube一個好球數。瓊斯不滿處分，故意違反可以繼續使用YouTube的規定，於是YouTube將他所有的頻道與影片停權。

　　每天有六十萬小時的新影片上傳到YouTube，如何確保影片不會違反公司政策或是政府法律，一直是YouTube頭痛的問題。過去公司仰賴使用者檢舉、員工再檢查，但是抱怨這種作法的聲音越來越大，於是YouTube去年開始透過演算法分析影片檔案，這種方法之前便已用於確認上傳的影片沒有侵犯著作權。

YouTube在2017年第四季就刪除八百萬支影片，超過85％是被機器學習演算法認定貼標（flagged）。公司目前有大約一萬人在檢查那些被貼標的影片，不管是機器或是真人貼標（特別是參與YouTube可信任貼標人計劃的會員，Trusted Flagger programme）。

　　一旦被認定不適當（但還沒嚴重到需要立即關帳號），影片會被刪除，並對創作者發出一個好球數。這時候該帳號擁有者會被禁止即時串流九十天，瓊斯當時就是這種情況。如果帳號擁有者無視禁令，那連帳號擁有者也會一併被停權（這是瓊斯最後的下場，當時他仍藉由自己其他頻道搭建即時串流）。如果在九十天內收到與第一次無關的第二次警告，那麼未來兩週內將不得發布任何內容。如果再收到第三次警告，帳號就三振出局（被刪除）。

　　瓊斯在發布四支影片後，YouTube以違反仇恨言論和危害兒童的規範，將它們移除，並給了瓊斯一個好球數。其中一支影片內容有一小孩被推倒在地，另一支則宣稱伊斯蘭已經征服歐洲。怪異的是，有一支影片是瓊斯模仿特別檢察官羅伯特·穆勒（Robert Mueller），並沒被視為有冒犯意圖；穆勒曾受任調查俄羅斯涉嫌干預2016年美國總統大選（通俄門事件）。

　　瓊斯在2018年2月還因另一影片收過一次警告，此影片中宣稱大衛·霍格（David Hogg）並非槍擊案當事者而是受

僱來帶風向的演員；霍格是2018年在佛羅里達州斯通曼・道格拉斯高中（Stoneman Douglas High School）校園槍擊案中的倖存者。但這個警告已經過期了。

　　YouTube過去不太願意處理名氣大但具爭議性的帳號，顯然是考慮到該公司被指控傾向自由主義。三振制度的設計讓違反規定的人得到懲戒，同時也給他們機會改正。即使被指控膽小怕事，瓊斯的四支影片最後只受到YouTube一次警告。但接下來將瓊斯停權的作為，表示已經越過YouTube的紅線。

　　瓊斯可能以為YouTube會不想對曾經被川普總統稱讚的人物下手。現在他在世界最受歡迎的影音串流服務平台中消失，這或許可以讓人嗅出，YouTube對這些爭議帳號的態度有所改變了。

　　美國經濟讓人最難以理解的是，為什麼過去幾十年來成長如此緩慢。1946到1975年之間，美國國內生產毛額（GDP）的成長率，平均一年每人為2.3％；但1975年之後，平均一年只有1.8％。

　　許多經濟學家相信GDP可能低估科技創新的經濟重要性。但即使有網際網路、智慧手機、還有人工智慧的出現，官方資料顯示從2000年以來，資訊產業在GDP的佔比幾乎沒什麼變化。該如何解釋這個現象？

　　一部分的原因是GDP只考慮人民付費的商品和服務。像谷歌和臉書這樣的網際網路公司，並沒有對使用者收費，這表示國家收入的統計數字會低估消費者從中受益的程度。要量化這些網路服務的價值，一種作法是提問一年收費多少會讓消費者放棄使用。

　　艾瑞克・布林優夫森（Erik Brynjolfsson）、菲力克斯・艾格斯（Felix Eggers）、阿維納什・剛納瑪內尼（Avinash Gannamaneni）三位經濟學家，真的就在網路上作這樣的調查。研究報告顯示這數字很可觀，接受調查者表示願意付一年網路地圖三千六百美元，電子郵件八千四百美金，而搜尋引擎似乎特別重要：一萬七千五百元！

非用不可

美國

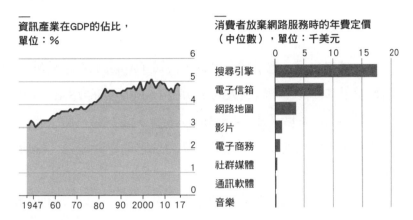

資訊產業在GDP的佔比，
單位：%

消費者放棄網路服務時的年費定價
（中位數），單位：千美元

資料來源：〈運用大規模線上選擇實驗來量測幸福感的變化〉（Using Massive Online
Choice Experiments to Measure Changes in Well-Being），Erik Brynjolfsson, Felix Eggers and Avinash
Gannamaneni，2019年《美國國家科學院院刊第116期》，美國經濟分析局

穿戴式裝置真的能讓我們
更健康嗎？

　　2018年12月，電子業巨擘蘋果公司（Apple）在它最新一款智慧手錶安裝一項吸引人的新功能。Apple Watch Series 4可以執行行動心電圖（electrocardiogram），成為第一個大眾消費者使用的醫療裝置。這是蘋果致力使它的手錶成為「健康守護者」的一項成果。

　　在2019年3月於歐洲發表的心電圖功能，可以告知使用者心房顫動的狀況；它是心律不整的一種，會引發中風和心衰竭。這款手錶可在使用者心跳過快或過慢時就通知使用者，如果跌倒爬不起來，它還會自動打電話呼叫救護車。

　　健康保險和壽險公司似乎相信穿戴式裝置真的能讓使用者更健康。它們正在增加補貼穿戴式裝置的成本，包括Fitbit、台灣國際航電（Garmin）、Polar出品的裝置。美國兩大健康保險公司，安泰人壽（Aetna）和聯合健康保險（UnitedHealthcare）已經推出新的方案，補助客戶購買蘋果智慧手錶的費用。其他保險業者則對願意上傳移動資訊給公司分析的保戶提供折扣，越積極主動、優惠越多。中國平安保險公司（Ping An Health Insurance）董事長楊錚說，現在每天有一百五十萬客戶上傳其活動資訊。

不過這些種種作為會不會只是噱頭罷了？穿戴式裝置長期以來被視為笑話，因為許多人抱怨穿戴式裝置「被打入冷宮所需的時間」，可以用月為單位來計算。另一家保險公司Vitality Group，在2015年嘗試解答噱頭這個說法是否正確。他們的作法是，提供蘋果智慧手錶給消費者！四十萬人受測的答案是：這不是噱頭！

消費者在有獎勵的動機下（例如免費咖啡和電影票）使用智慧手錶，兩年下來可以提高34％運動量；對體重超標的消費者改善更明顯。這個例子展現出消費者長期行為的改變，而這種改變對保險公司與政府很重要，因為一些慢性病像糖尿病和肺病，一部分的原因就是缺乏運動。成功的關鍵看起來是免費的智慧手錶，而非沒有達到設定的運動目標時，要求使用者支付更高的保費。

這些發現可以指引如何擴大智慧手錶的消費群。好比行動電信業者有時會補貼智慧手機的費用，保險公司、雇主、甚至政府說不定也會願意補貼智慧手錶的費用。有謠傳說蘋果公司正嘗試開發監測葡萄糖的功能，還有其他如提供初期帕金森氏症的警訊、監控病情或手術後復原情形。分析師還思索要不要也測血壓、體脂肪、體溫、血氧，甚至考慮要不要改裝Airpods（蘋果公司的藍牙無線耳機），加入感測器。

如果蘋果公司開發的功能失準，誤判無害的訊號，當然有可能反讓健康的人去看醫生。不過內部技術人員說蘋果公司在這方面很小心，只有系統注意到令人擔憂的讀值出現很多次之後，系統才會對使用者發出警告。如果穿戴式裝置的技術持續進步，未來說不定反過來，是使用者接到醫生的電話，主動提醒身體狀況，而不是醫生接病人的電話！

銘謝

本書編輯要感謝內文的作者與資料記者們。他們打造出各篇解事型文章與相對應的圖表，奠定了本書的基礎：

Jack Aldwinckle, Helen Atkinson, Ryan Avent, Adam Barnes, Sarah Birke, Will Brown, Joel Budd, Slavea Chankova, Josie Delap, Agathe Demarais, Sarah Donilon, Graham Douglas, Doug Dowson, Mark Doyle, Madelaine Drohan, Emma Duncan, Celina Dunlop, Richard Ensor, Glenn Fleishman, Bo Franklin, James Fransham, Alice Fulwood, Livia Gallarati, Tom Gardner, Fred Harter, Shakeel Hashim, Alice Hearing, Melissa Heikkila, Hal Hodson, Shashank Joshi, Rachel Judah, Idrees Kahloon, Soumaya Keynes, Daniel Knowles, Krister Koskelo, Abhishek Kumar, Maximilien Lambertson, Ana Lankes, Sarah Leo, Natasha Loder, John McDermott, Dave McKelvey, Matt McLean, David McNeill, Steve Mazie, Adam Meara, Jason Palmer, Lloyd Parker, Jan Piotrowski, Simon Rabinovitch, Aman Rizvi, Adam Roberts, Max Rodenbeck, Dan Rosenheck, Marie Segger, Alex Selby-Boothroyd, Colby Smith, Joshua Spencer, Laura Spinney, Amber Stevenson, Ben Sutherland, Liam Taylor, James Tozer, Alex Travelli, Vendeline von Bredow, Kennett Werner, Eleanor Whitehead 和Wade Zhou。

如果想閱讀更多《經濟學人》的解釋型文章與圖表，請上：economist.com。

新商業周刊叢書　BW0732

經濟學人107個全球搜密
看網路交友、開車靠右和Youtube審查如何影響生活與消費

原文書名／Uncommon Knowledge：
　　　　　　Extraordinary Things That Few People
　　　　　　Know（Economist Explains）
作　　　者／湯姆‧斯丹迪奇（Tom Standage）
譯　　　者／林凱雄、東遊客、楊宜靜
責任編輯／李皓歆
企劃選書／黃鈺雯
版　　　權／黃淑敏、吳亭儀
行銷業務／周佑潔

總　編　輯／陳美靜
總　經　理／彭之琬
事業群總經理／黃淑貞
發　行　人／何飛鵬
法律顧問／台英國際商務法律事務所　羅明通律師
出　　　版／商周出版　台北市中山區民生東路二段141號9樓
　　　　　　電話：(02)2500-7008　傳真：(02)2500-7759
　　　　　　E-mail: bwp.service@cite.com.tw
發　　　行／英屬蓋曼群島商家庭傳媒股份有限公司　城邦分公司
　　　　　　台北市104民生東路二段141號2樓
　　　　　　讀者服務專線：0800-020-299　24小時傳真服務：(02) 2517-0999
　　　　　　讀者服務信箱E-mail: cs@cite.com.tw
　　　　　　劃撥帳號：19833503　戶名：英屬蓋曼群島商家庭傳媒股份有限公司城邦分公司
訂購服務／書虫股份有限公司客服專線：(02) 2500-7718；2500-7719
　　　　　　服務時間：週一至週五上午09:30-12:00；下午13:30-17:00
　　　　　　24小時傳真專線：(02) 2500-1990；2500-1991
　　　　　　劃撥帳號：19863813　戶名：書虫股份有限公司
　　　　　　E-mail: service@readingclub.com.tw
香港發行所／城邦(香港)出版集團有限公司
　　　　　　香港灣仔駱克道193號東超商業中心1樓
　　　　　　電話：(825)2508-6231　傳真：(852)2578-9337
　　　　　　E-mail: hkcite@biznetvigator.com
馬新發行所／城邦(馬新)出版集團
　　　　　　Cite (M) Sdn Bhd
　　　　　　41, Jalan Radin Anum, Bandar Baru Sri Petaling, 57000 Kuala Lumpur, Malaysia.
　　　　　　電話：(603) 9057-8822　　傳真：(603) 9057-6622　E-mail: cite@cite.com.my

封面設計／廖韡　　美術編輯／簡至成　　印刷／韋懋實業有限公司
經銷商／聯合發行股份有限公司　電話：(02)2917-8022 傳真：(02) 2911-0053
　　　　　地址：新北市231新店區寶橋路235巷6弄6號2樓

ISBN／978-986-477-776-1　　版權所有‧翻印必究（Printed in Taiwan）
定價／370元

城邦讀書花園
www.cite.com.tw

國家圖書館出版品預行編目（CIP）數據

經濟學人107個全球搜密 ： 看網路交友、開車靠右和
Youtube審查如何影響生活與消費/湯姆.斯丹迪奇(Tom
Standage)著 ； 林凱雄、東遊客、楊宜靜譯. -- 初版. --
臺北市：商周出版：家庭傳媒城邦分公司發行, 2020.01
面；　公分
譯自：Uncommon knowledge : extraordinary things that
few people know（Economist Explains）
ISBN 978-986-477-776-1(平裝)

1.經濟社會學 2.通俗作品

550.1654　　　　　　　　　　　　　　　108021672

2020年01月09日初版1刷

商周出版

104 台北市民生東路二段 141 號 9F
英屬蓋曼群島商家庭傳媒股份有限公司
城邦分公司

請沿虛線對摺，謝謝！

商周出版

書號：BW0732　書名：經濟學人 107 個全球搜密：看網路交友、
開車靠右和 Youtube 審查如何影響生活與消費　編碼：

 商周出版　　讀者回函卡

謝謝您購買我們出版的書籍！請費心填寫此回函卡，我們將不定期寄上城邦集團最新的出版訊息。

姓名：＿＿＿＿＿＿＿＿＿＿＿＿＿＿＿＿＿　性別：□男　□女

生日：西元 ＿＿＿＿＿＿＿ 年 ＿＿＿＿＿＿＿ 月 ＿＿＿＿＿＿＿ 日

地址：＿＿＿＿＿＿＿＿＿＿＿＿＿＿＿＿＿＿＿＿＿＿＿＿＿＿

聯絡電話：＿＿＿＿＿＿＿＿＿＿　傳真：＿＿＿＿＿＿＿＿＿＿

E-mail：＿＿＿＿＿＿＿＿＿＿＿＿＿＿＿＿＿＿＿＿＿＿＿＿＿

學歷：□1. 小學　□2. 國中　□3. 高中　□4. 大專　□5. 研究所以上

職業：□1. 學生　□2. 軍公教　□3. 服務　□4. 金融　□5. 製造　□6. 資訊

　　　□7. 傳播　□8. 自由業　□9. 農漁牧　□10. 家管　□11. 退休

　　　□12. 其他 ＿＿＿＿＿＿＿＿＿＿＿＿＿＿＿＿＿＿＿＿

您從何種方式得知本書消息？

　　　□1. 書店　□2. 網路　□3. 報紙　□4. 雜誌　□5. 廣播　□6. 電視

　　　□7. 親友推薦　□8. 其他 ＿＿＿＿＿＿＿＿＿＿＿＿＿＿

您通常以何種方式購書？

　　　□1. 書店　□2. 網路　□3. 傳真訂購　□4. 郵局劃撥　□5. 其他 ＿＿

對我們的建議：＿＿＿＿＿＿＿＿＿＿＿＿＿＿＿＿＿＿＿＿＿

＿＿＿＿＿＿＿＿＿＿＿＿＿＿＿＿＿＿＿＿＿＿＿＿＿＿＿＿

＿＿＿＿＿＿＿＿＿＿＿＿＿＿＿＿＿＿＿＿＿＿＿＿＿＿＿＿

＿＿＿＿＿＿＿＿＿＿＿＿＿＿＿＿＿＿＿＿＿＿＿＿＿＿＿＿

＿＿＿＿＿＿＿＿＿＿＿＿＿＿＿＿＿＿＿＿＿＿＿＿＿＿＿＿

＿＿＿＿＿＿＿＿＿＿＿＿＿＿＿＿＿＿＿＿＿＿＿＿＿＿＿＿